PAZ MENTAL

Dados Internacionais de Catalogação na Publicação (CIP)
(Câmara Brasileira do Livro, SP, Brasil)

Nhat Hanh, Thich
　　Paz mental : tornar-se completamente presente / Thich Nhat Hanh ; tradução de Maria Goretti Rocha de Oliveira. – Petrópolis, RJ : Vozes, 2017.

　　Título original : Peace of mind – becoming fully present

　　3ª reimpressão, 2020.

　　ISBN 978-85-326-5382-6

　　1. Meditação – Budismo 2. Paz na mente – Aspectos religiosos – Budismo 3. Vida espiritual – Budismo I. Título.

16-08790　　　　　　　　　　　　　　　　CDD-294.3444

Índices para catálogo sistemático:
1. Budismo : Vida espiritual : Religião
294.3444

Thich Nhat Hanh

PAZ MENTAL

TORNAR-SE COMPLETAMENTE PRESENTE

Tradução de
Maria Goretti Rocha de Oliveira

EDITORA
VOZES

Petrópolis

© 2013, by Unified Buddhist Church, Inc.

Título do original em inglês: *Peace of Mind – Becoming Fully Present*

Direitos de publicação em língua portuguesa – Brasil:
2017, Editora Vozes Ltda.
Rua Frei Luís, 100
25689-900 Petrópolis, RJ
www.vozes.com.br
Brasil

Todos os direitos reservados. Nenhuma parte desta obra poderá ser reproduzida ou transmitida por qualquer forma e/ou quaisquer meios (eletrônico ou mecânico, incluindo fotocópia e gravação) ou arquivada em qualquer sistema ou banco de dados sem permissão escrita da editora.

CONSELHO EDITORIAL

Diretor
Gilberto Gonçalves Garcia

Editores
Aline dos Santos Carneiro
Edrian Josué Pasini
Marilac Loraine Oleniki
Welder Lancieri Marchini

Conselheiros
Francisco Morás
Ludovico Garmus
Teobaldo Heidemann
Volney J. Berkenbrock

Secretário executivo
João Batista Kreuch

Editoração: Fernando Sergio Olivetti da Rocha
Diagramação: Sheilandre Desenv. Gráfico
Revisão gráfica: Nilton Braz da Rocha / Nivaldo S. Menezes
Capa: Ig + Comunicação
Ilustração de capa: © Unified Buddhist Church

ISBN 978-85-326-5382-6 (Brasil)
ISBN 978-1937-00644-0 (Estados Unidos)

Editado conforme o novo acordo ortográfico.

Este livro foi composto e impresso pela Editora Vozes Ltda.

Sumário

1 O corpo e a mente são um, 7

    Prática – Regressando à casa do seu corpo, 10

2 As quatro qualidades da felicidade, 15

    Prática: Quatro passos para acabar com a alienação, 18

3 O corpo inteiro em meditação, 23

    Prática: Relaxamento profundo, 32

4 Encontrando a paz, 37

    Prática: Dezesseis exercícios para respirar conscientemente, 46

5 Reconectando-se ao corpo, 67

6 Gerando consciência plena, concentração e compreensão, 75

7 Firme na tempestade – As emoções arrebatadoras e a conexão corpo-mente, 89

    Prática: Respiração abdominal, 94

8 Cuidando de nós mesmos, 97

9 Praticando a atenção plena na vida diária, 109

1
O corpo e a mente são um

Por que nos interessamos em unir o corpo à mente? Será que não podemos continuar como estamos? O nosso modo atual de vida está fazendo com que muitos de nós adoeçam. Nós estamos mental e fisicamente doentes. O nosso planeta também está doente. Ao reunificarmos corpo e mente, que se alienaram um do outro, nós nos reconciliamos conosco. Quando tivermos retornado ao nosso lar interior, podemos estar totalmente presentes para nós mesmos, totalmente presentes para os outros, e totalmente presentes para o planeta.

Se você estiver triste, ansioso, ou solitário, pode ser que ache que precisa corrigir ou mudar algo em sua mente. Se os seus ombros estão rígidos, se suas costas doem, você pode achar que tudo o que precisa é de um médico que lhe ajude a consertar essa parte do seu corpo. No entanto, a chave da felicidade é estar totalmente integrado ao corpo e à mente. Grande parte do nosso sofrimento vem de uma desnecessária cisão da mente em relação à matéria. Nós pensamos que há algo errado em nossa mente, ou que algo está errado em nosso corpo, e que temos de corrigir ou de curar aquela coisa específica. Mas é impossível remover a mente do corpo ou o corpo da mente. Pois estas são duas manifestações de uma mesma coisa.

Há gente que diz que nossa mente é composta de matéria: cérebro e sistema nervoso. Essa é uma visão materialista. Mente, consciência, inteligência e conhecimento existem em cada célula do nosso corpo. Cada célula é uma realidade viva com o seu próprio conhecimento, com sua própria mente. Se você retirar a consciência de uma célula, a célula morrerá. Se a consciência for removida do nosso corpo, ele ficará sem vida.

Quando examinamos o núcleo de uma flor, podemos ver que a flor não é somente matéria; a consciência também está presente. Quando você planta uma semente, ela brota e se transforma numa planta. A planta está viva. Há mente dentro dela. Não podemos sequer dizer que uma partícula de poeira é somente matéria. Os cientistas descobriram que os átomos e os elétrons são muito inteligentes, e que eles são, ambos, matéria e mente.

Quando saímos para caminhar ao ar livre em contato com a natureza, sabemos que a Terra não é composta somente de terra. A Terra também é água, ar e fogo. Se nós removêssemos do nosso planeta os elementos da água, do ar e do fogo, ele deixaria de ser Terra. Antigamente acreditávamos que a Terra era o centro do cosmos. Agora sabemos que ela não é o centro do cosmos. Na verdade, qualquer coisa e tudo pode ser o centro do cosmos: um seixo, um esquilo, um grão de poeira podem ser o centro do cosmos, porque o um contém o todo. Esta sabedoria indiscriminadora é a sabedoria de não dividir as coisas em duas. E, às vezes, é chamada de sabedoria da não dualidade, *advaita jñana*.

Há cientistas que ainda estão aprisionados na ideia de que a mente está dentro de nós, e que o mundo que estudamos e observamos está fora de nós. Eles acreditam que o sujeito da cognição é a nossa mente e que o seu objeto é o mundo. Enquanto seguirmos essa divisão entre sujeito e objeto, mente e matéria, não vamos ser capazes de tocar a verdadeira natureza das coisas. Vamos nos sentir alienados. Quando nos reconectamos com os nossos próprios corpos, e nos relacionamos com o mundo à nossa volta, a felicidade torna-se possível.

Unificando corpo e mente

"Inspirando, estou atento ao meu corpo como um todo. Expirando, estou atento ao meu corpo como um todo." Enquanto inspira, você pode se conectar ao seu corpo. Traga sua mente de volta para a casa do seu corpo e lembre-se que tem um corpo. Muitas vezes, os nossos pensamentos nos levam para bem longe, e ficamos aprisionados à tristeza e arrependimento, que dizem respeito ao passado, ao medo e à ansiedade acerca do futuro, ou às nossas emoções ou projetos no presente. Nossa mente não está com o nosso corpo. Estamos num estado de dispersão. A dispersão é o oposto da

concentração. Quando você está presente e concentrado(a), você pode entrar em contato profundo com as maravilhas dentro de si e à sua volta. O sol, a lua, as estrelas, as árvores, o rio, as colinas todos são maravilhas que se tornam disponíveis a você quando você fica totalmente presente.

PRÁTICA
Regressando à casa do seu corpo

Se soubermos respirar atentamente, cada respiração nos trará felicidade. As pessoas asmáticas sabem apreciar a felicidade de poderem respirar normalmente, e saboreiam cada respiração. Se os nossos pulmões estiverem saudáveis e nossas narinas não estiverem bloqueadas, podemos respirar facilmente. Não apreciar este bem-estar é como desperdiçar uma oportunidade. Com a prática da plena atenção, cada respiração traz felicidade. A plena atenção pode fazer com que cada momento da nossa vida diária seja tranquilo, lúcido e amoroso.

Ao inspirarmos, podemos inspirar de um modo tal que possibilite a presença da alegria durante o tempo da inalação. A inspiração pode durar três ou quatro segundos. Se soubermos inspirar de maneira adequada, podemos gerar imediatamente a energia da alegria. Ao expirarmos, podemos gerar a energia da felicidade para nós mesmos, e também para as outras pessoas que nos cercam para que se beneficiem da nossa energia.

Quando começamos a praticar o cultivo da consciência, nós nos instruímos sobre como sentar, respirar e andar, para que possamos gerar a energia da paz, da felicidade e alegria. Logo que tivermos recebido este ensinamento, temos que aplicá-lo em nossa vida diária. *"Inspirando, eu sinto alegria"* não é autossugestão ou pensamento positivo, é uma prática.

Regressar à casa do corpo é uma prática poderosa. Pode ser que haja dor, desarmonia, sofrimento, ou ausência de paz em nosso corpo. Por isso começamos praticando a consciência plena da respiração, para que possamos nos restabelecer e voltar para casa com vigor e energia.

Com a energia da respiração consciente você volta para a casa do seu corpo a fim de fazer as pazes com ele. Ao praticar, respirando conscientemente, você gera harmonia e solidez. Desse modo, você fica em condições de voltar-se para o seu corpo inteiro, a fim de ajudá-lo. É possível continuar a respirar com consciência enquanto você se envolve com o seu corpo. *"Inspirando, estou atento ao meu corpo como um todo. Expirando, eu reconheço e me envolvo com todo o meu corpo."*

O seu corpo inteiro torna-se o objeto da sua atenção. O tema da sua atenção é sua respiração. No início sua respiração é como um caminhão vazio indo pela estrada, sem transportar coisa alguma. Mas quando você se torna consciente da sua respiração e do seu corpo, sua respiração é como um caminhão transportando mercadoria. Esta mercadoria é o discernimento. Respirar conscientemente envolve o corpo inteiro. É muito importante regressar à casa do corpo, reconhecê-lo, cuidar dele, e fazer as pazes com ele.

A terra do momento presente está disponível no aqui e agora. Se você se encontra no momento presente, isto significa que sua mente e corpo estão unificados. Quando você pratica inspirando conscientemente, você traz a mente para a casa do seu corpo e se descobre na terra do momento presente. A consciência plena é a energia que ajuda a unificação do corpo com a mente. Quando corpo e mente estão unos, você se estabelece no momento presente, no reino do aqui e agora.

O oposto da consciência plena é a deslembrança: nosso corpo pode estar presente, mas a mente está em outro lugar. Pode ser que a nossa mente esteja aprisionada em tristeza ou arrependimento concernentes ao passado. Pode ser que a nossa mente esteja aprisionada ao medo ou à incerteza do futuro. Ou pode estar aprisionada em raiva ou em nossos projetos. Quando começamos a inspirar conscientemente, podemos, em dois ou três segundos, levar nossa mente à casa do nosso corpo. Inspirando assim, conscientemente, nós largamos o passado e o futuro, desobrigamo-nos dos nossos projetos e nos tornamos livres. Esta liberdade nos permite entrar em contato com as maravilhas da vida. Isso não leva muito tempo. Poucos segundos bastam.

Nós inspiramos e prestamos atenção em nossa inspiração; nós largamos tudo o mais e alcançamos muita liberdade. Com esse tipo de liberdade, podemos tomar decisões melhores. Nossos pensamentos e decisões não vão estar distorcidos pela nossa raiva, nosso medo, nossa tristeza ou arrependimento. Terá uma variedade de opções entre as quais poderemos escolher. Nossa perspectiva se tornará mais ampla. Quando você volta para a casa do aqui e agora, com a prática de respirar conscientemente ou de andar em atenção plena, você pode reconhecer as muitas condições de felicidade que já estão disponíveis. A consciência plena lhe ajuda a reconhecer que há condições mais do que suficientes para você ser feliz aqui mesmo e agora mesmo. Quando você está em contato com essas condições, a alegria e a felicidade são possíveis imediatamente.

2
As quatro qualidades da felicidade

A prática de harmonizar corpo e mente proporciona mais paz, clareza, compaixão e coragem em nossas vidas cotidianas. Com estas quatro qualidades, podemos ter felicidade suficiente para ser capaz de ajudar os outros.

As pessoas têm a tendência de pensar em felicidade em termos de se ter muita fama, poder, riqueza e prazeres sensuais. Mas sabemos que almejar esses objetos pode trazer muito sofrimento. Então, precisamos compreender a felicidade de uma forma muito diferente desta. Se cultivarmos a paz em nós mesmos, a clareza, a compaixão e a coragem virão.

Se você não tiver compaixão, não poderá ser uma pessoa feliz. Uma pessoa sem compaixão é alguém que está completamente só, sem conseguir entrar realmente em contato com outro ser vivo. Com suficiente compaixão você tem a coragem de se libertar, e de ajudar outras pessoas a se libertarem. Esta é a verdadeira felicidade, o tipo de felicidade que cada um de nós precisa.

Paz

A primeira coisa que precisamos fazer é ajudar nossa respiração a se tornar mais calma e serena. Com a intervenção da atenção plena, a respiração se torna mais regular e harmoniosa. Ao seguirmos o curso da nossa respiração enquanto inspiramos, nossa respiração se torna naturalmente mais profunda, mais lenta e mais agradável. Só precisamos respirar conscientemente durante meio ou um minuto para notar que a qualidade da nossa respiração melhorou. Nossa respiração se tornou mais cheia de paz e de harmonia. Este é o ponto de partida para pacificar o nosso corpo, os nossos sentimentos, nossa mente e percepções.

Clareza

Muitas vezes nós nos sentimos oprimidos ou confusos. Não pensamos com clareza. Nossa fala e ações, em momentos assim, podem criar sofrimento para nós mesmos e para as pessoas que nos cercam. Quando estamos mais tranquilos, começamos a ver as coisas com mais clareza. Sem paz, a clareza não é possível. A clareza ajuda a remover percepções equivocadas. Quando você tem clareza suficiente, você vê as coisas como elas realmente são, e as coisas que você faz e diz não vão criar sofrimento para você e para outras pessoas. Vendo as coisas com mais clareza você começa a ter compaixão, e a raiva e o ciúme se dissipam. Você começa a ter compreensão e não quer mais se culpar ou se punir ou culpar e punir outra pessoa. Você se aceita como você é, e aceita os outros como eles são, e olha para si mesmo e para os outros com olhos compassivos.

Compaixão

Compaixão é a terceira qualidade que podemos cultivar através da prática. Somos feitos de corpo e mente. Corpo e mente são energia. Sabemos agora que matéria é energia e energia é matéria. Embora não realizemos quaisquer movimentos físicos quando estamos sentados, o nosso corpo pode efetivamente irradiar a energia da paz e da compaixão. O nosso corpo não é apenas matéria, ele é energia. Nossa mente também é energia.

Existem energias saudáveis e insalubres, e a energia mental pode ser poderosa. A energia do ódio, do medo, da raiva ou desespero podem ser muito fortes e destrutivas. Enquanto estivermos sentados ou andando conscientemente, não geramos essas energias. Pelo contrário, geramos as energias da consciência plena, da paz e compaixão. Quando sabemos a forma de entrar em contato com o sofrimento existente em nós e no mundo, a energia da compaixão nasce em nós. Essa é a energia que pode curar e transformar.

Coragem

Com grande compaixão dentro de si, você tem a capacidade de agir com coragem. Você tem coragem suficiente para superar hábitos de anseio, de raiva, e assim por diante. Se não tiver compaixão suficiente por si mesmo e pelos outros, você não terá a coragem que precisa para superar as aflições que lhe têm feito sofrer.

PRÁTICA
Quatro passos para acabar com a alienação

Para eliminar o sentimento de separação e de alienação, e reavivar a paz, a alegria e o bem-estar físico e mental, volte-se para sua respiração e entre em contato com o seu corpo. Através da porta da respiração você retorna à casa do corpo. Quando entra em contato com o corpo, você se unifica ao corpo, e sabe como cuidar do corpo. E quando entra em contato com o corpo dessa maneira, você tem então a oportunidade de entrar em contato com a mente.

Além de geralmente estarmos desconectados dos nossos sentimentos desagradáveis, muitas vezes também não conseguimos sequer entrar em contato com os sentimentos agradáveis dentro de nós. Existem sentimentos agradáveis, mas ficamos perdidos em pensamentos e desespero, e não conseguimos reconhecer os sentimentos agradáveis. Nós também não somos capazes de entrar em contato com os sentimentos neutros.

O método de Buda é muito científico. Para nos ajudar a pôr fim à nossa alienação dos outros e de nós mesmos, precisamos primeiro retornar ao nosso corpo, ficar em contato com ele, para resolver as coisas que estão desequilibradas e nos reconciliar com o nosso corpo. Por muito tempo nós estivemos oprimindo o nosso corpo. Achamos que amamos nosso corpo, mas a verdade é que nós o abandonamos. A maioria das pessoas respira e não sabe que está respirando. Elas precisam de alguém que as ensine a respirar e a permanecer em contato com sua própria respiração.

Parar e acalmar o corpo

Um termo que designa nosso corpo é "formação corporal", *kaya samskara*. *Samskara* significa formação, um fenômeno composto. Uma flor é uma formação; ela está composta de muitos elementos distintos, tais como o ar, a água, as nuvens, o sol e a terra. Estes elementos se reúnem e compõem uma formação. Nosso corpo é composto de diferentes elementos, como mãe, pai, professores, terra, água, fogo, ar. Nosso corpo é um fenômeno composto, uma formação.

Existem três partes na meditação principiante. A primeira é parar. Nós interrompemos todo pensamento e trazemos nossa mente de volta ao nosso corpo. O segundo aspecto é acalmar, acalmar nossa formação corporal. *"Inspirando, eu acalmo meu corpo. Expirando, eu acalmo meu corpo."* O meu corpo está sofrendo. O meu corpo foi abandonado. Eu negligenciei e tratei mal o meu corpo. Agora, retorno ao meu corpo e digo: *"Sinto muito, meu querido corpo. Eu vou cuidar de você"*. Eu cuido do meu corpo minuciosamente. Em primeiro lugar, eu inspiro e expiro de um modo tal que ao respirar o meu corpo se acalma.

A inspiração e expiração têm a função de ajudar o meu corpo a se acalmar. Nós acalmamos a formação corporal respirando com consciência. Eu trago a paz de volta ao meu corpo. Quando meu corpo está abandonado, há dor, há tensão, e não há paz. Mas se eu respirar corretamente, conscientemente, a respiração poderá ajudar a aliviar a tensão e a dor. Tranquilizando a respiração acalmará o corpo e reduzirá o sofrimento. É isso o que significa acalmar o corpo. *"Inspirando, eu acalmo meu corpo. Expirando, eu levo paz ao meu corpo."*

Estar consciente do corpo

Nós respiramos atentamente para estar conscientes da formação do corpo. *"Inspirando, estou ciente de que tenho um corpo. Expirando, eu sei que meu corpo existe."* Isso já é um despertar. Não procure a iluminação em outro lugar.

Durante as longas horas que passamos trabalhando, nós nos esquecemos que temos um corpo. E ao nos perdermos, perdemos tudo. Há tensão no corpo. Então retornamos e inspiramos e expiramos de um modo que possa remover a tensão e levar paz ao corpo. *"Respirando e levando paz ao meu corpo. Soltando a tensão."* Se tivermos alguns sentimentos dolorosos ou desconfortáveis, teremos então que respirar para tranquilizar a respiração e levar esta tranquilidade aos sentimentos. Cada inspiração e expiração que realizamos, cada passo que damos pode proporcionar paz ao nosso corpo e sentimentos.

Acalmar a mente

A mente também é uma formação, uma *samskara*. Percepções, sentimentos, emoções, todos são *samskaras*, formações. Quando respiramos, fazemos com que estas formações mentais se acalmem. Isso se chama acalmar a formação mental. *"Inspirando, eu acalmo minha mente. Eu acalmo os meus sentimentos. Eu acalmo as minhas emoções."*

Cada um de nós pode aprender a respirar de uma maneira que acalme o corpo e nossas formações mentais intensas, e que leve paz ao corpo e à mente. Se soubermos a forma de respirar, podemos atenuar a nossa turbulência interna.

Quando nossa mente e corpo tiverem se acalmado, começaremos a ver com mais clareza. Em vez de estarmos perdidos, doentes, alienados, temos clareza, temos visão. Não cometemos tantos erros. A paz é seguida de tranquilidade e de clareza. Quando vemos claramente a nossa raiva e tristeza, uma espécie de milagre pode acontecer e deixamos de estar com raiva ou tristes. Começamos a sentir compaixão. A clareza foi efetuada pela paz corporal e mental. Isso traz felicidade e amor. Sem amor, não é possível sentir-se verdadeiramente feliz.

3
O corpo inteiro em meditação

A única maneira de alcançarmos a verdadeira paz, clareza, compaixão e coragem é através da consciência atenta. A consciência atenta significa atenção total, com a mente e o corpo inteiros, ao que está acontecendo no momento presente. Quando corpo e mente se unem na consciência, totalmente estabelecidos no aqui e agora, nós ficamos livres e podemos viver profundamente e com alegria cada minuto de nossa vida diária.

Há três elementos da consciência que precisamos unificar para ficarmos totalmente presentes. O primeiro é a respiração, o segundo é o corpo, e o terceiro, a mente. A consciência atenta pode acontecer no decorrer do dia, em tudo o que estivermos fazendo. Uma maneira de praticá-la, entretanto, para adquirirmos a habilidade e o hábito de estar consciente, é meditando no corpo inteiro. Podemos meditar no corpo inteiro sentados ou caminhando, mas todo o foco está na consciência corporal. Mente, corpo e respiração estão juntos. Harmonizando esses três elementos nos tornamos inteiros. Nós nos revelamos para nós mesmos, para nossos entes queridos, para o mundo, e para a vida.

A prática de meditar no corpo inteiro começa com a respiração. Você pode dizer para si mesmo silenciosamente: *"Inspirando, eu sei que estou inspirando. Expirando, eu sei que estou expirando"*. Em apenas dois ou três segundos respirando conscientemente você consegue trazer sua mente de volta à casa do seu corpo.

Na vida diária pode ser que muitas vezes você se sinta disperso. O seu corpo está em algum lugar, ignorado, a sua respiração está inconsciente, enquanto sua mente vagueia. Mas no momento em que presta atenção à sua respiração e inspira, em apenas alguns segundos, todos os três elementos se unificam. Você se recompõe, e lá está você no aqui e agora.

Uma resposta não violenta

Talvez a raiva, o medo ou a inquietação estejam enraizados em sua mente. Não fique muito ávido por controlar sua respiração ou sentimentos. Permita-os ser quem são. Esta é a maneira mais pacífica de cuidarmos das nossas emoções arrebatadoras. Permita-se um tempo de apenas sentar e respirar, mesmo que seja por cinco minutos.

Não force sua respiração. Simplesmente torne-se consciente da sua inspiração e expiração. Se sua inspiração estiver curta, permita que ela seja curta. Se a sua expiração não estiver tranquila, deixe-a ser assim. Com consciência, sua inspiração e expiração vão começar a fluir naturalmente.

Quando inspirar, preste somente atenção na sua inspiração. Não force sua respiração, ou lute contra ela. Permita-a estar do jeito que está. Sua respiração vai naturalmente se tornar mais calma, mais profunda e mais harmoniosa por si só; esse é o efeito da consciência plena. Apenas continue a respirar e sorria amavelmente para sua respiração. Em poucos minutos você verá que a qualidade da sua respiração melhorou por si só, e tem uma influência imediata em seu corpo e mente. A paz e a tranquilidade são contagiantes.

Quando estamos perturbados, talvez pensemos: "Eu **deveria** meditar" ou "eu **deveria** praticar a respiração consciente". Mas as práticas de consciência plena não são algo que **temos que** fazer. Elas são algo que **podemos** fazer. As práticas de respirar conscientemente, sentar conscientemente e andar conscientemente existem apenas para nos ajudar a cultivar mais paz interior e a nos tornar mais inteiramente presentes. Cada momento é uma oportunidade para fazermos isso.

Corpo atento e mente corporalizada

Quando você senta e respira conscientemente, o corpo e a mente voltam a se unificar de uma maneira fácil e natural. Você não tem que se esforçar. Você traz toda sua consciência para sua respiração e ela vai cerzir o seu corpo com sua mente, assim você fica com um corpo atento e uma mente corporalizada. O corpo atento é um corpo com consciência. A mente corporalizada é a mente que está totalmente presente no corpo. É como o software e o hardware. Se o seu software e hardware não estiverem se comunicando um com o outro, você não consegue fazer coisa alguma.

Siga sua respiração para reunir corpo e mente, para que você possa estar aqui no momento presente. Deixe tudo pra lá, para que assim possa ter liberdade, e então poder estar em contato com as maravilhas do universo. Vemos que todas as estrelas estão em nós; a galáxia está em nós. Sentar dessa forma é um milagre. Nós abraçamos o espaço e o tempo ilimitados. É possível sentar-se assim, mesmo que seja por apenas dez, quinze ou trinta minutos. Nós apreciamos cada momento. Quantas pessoas no mundo podem sentar-se assim, ou ter a chance de aprender a sentar-se assim? Nós temos muitas oportunidades para se sentar conscientemente durante o dia.

Andar conscientemente

Andar em meditação sempre é uma meditação do corpo inteiro. Não é possível fazê-la de outra forma. Nós combinamos nossa respiração com os nossos passos. Enquanto estamos inspirando, podemos dar dois, três ou quatro passos. Enquanto expiramos, podemos dar mais passos. Por exemplo, se quando estivermos inspirando dermos dois passos, então expirando podemos dar três passos. Se inspirando dermos três passos, então expirando podemos dar quatro ou cinco passos. Se inspirando dermos cinco passos, expirando podemos dar oito passos. Qualquer número de passos que seja adequado à nossa própria respiração. Deixe que o ritmo da sua respiração seja natural.

Podemos usar palavras quando estivermos caminhando em meditação. Ao inspirar e dar dois ou três passos, podemos dizer, "cheguei". Ao expirarmos, podemos dizer, "estou em casa". Nós realmente chegamos com cada passo, e estamos realmente à vontade. Não perambulamos no passado ou no futuro. Nós nos sentimos à vontade, tranquilos e seguros quando estamos totalmente no momento presente. Não temos mais que correr atrás de nenhuma outra coisa. Qualquer pessoa que gosta de caminhar ou de sentar em meditação pode se sentir satisfeita. Não temos mais o que antecipar, nada mais para ansiar.

Se sua inalação tiver dois passos de comprimento e sua expiração tiver cinco passos de duração, você pode dizer: *"Eu cheguei"* ou *"realmente cheguei". "Estou retornando à minha fonte."* Podemos usar qualquer frase que quisermos. Há muitas frases maravilhosas que podemos usar. Quando nos cansarmos de uma, podemos encontrar outra. Cada passo é um retorno à fonte.

Caminhando sobre a Terra

Quando caminhamos em meditação não andamos só com o nosso corpo, porque o nosso corpo e mente estão unificados. Por isso, o melhor é não conversar quando estivermos andando. Cada passo é dado em nobre silêncio. Quando pisamos na Terra, não vemos a Terra como mera matéria. É incorreto observar a Terra somente como uma matéria, pois assim ficamos aprisionados no materialismo. Mas compreender a Terra como sendo apenas consciência, como o filósofo George Berkeley fez, é muito idealista. O materialismo é um extremo e o idealismo é um outro extremo. Ambos estão baseados na teoria de que a mente e a matéria são duas coisas diferentes; ou tudo o que existe é mente ou tudo o que existe é matéria.

Quando examinamos profundamente o corpo, vemos que o corpo não é somente matéria. Há mente, consciência, conhecimento e inteligência nele. Cada célula do nosso corpo é uma realidade viva com o seu próprio conhecimento, sua própria mente. Se você retirar a consciência da célula, a célula deixará de ter vida; ela morrerá. Cada célula do nosso corpo – e existem trilhões de células – tem sua própria inteligência e sua própria e muito profunda compreensão. Portanto, não é correto dizer que o nosso corpo é apenas matéria. Se você retirar a consciência do corpo, o corpo deixará de ter vida.

Quando observamos algo no mundo natural – seja uma folha de grama ou uma árvore – vemos que cada qual tem o seu conhecimento. Quando examinamos uma semente de milho, não podemos dizer que o milho é apenas matéria. Quando plantamos uma semente na terra, a semente sabe como se transformar numa planta, produzir flores e dar frutos. Então é errado dizer que o milho é apenas matéria. Quando observamos a Terra, vemos que a Terra é uma realidade maravilhosa, tão maravilhosa quanto cada célula do nosso corpo. Ela tem seu conhecimento, tal como cada célula tem. O Planeta Terra pode dar à luz e nutrir a vida. Se você disser que o nosso Planeta Terra é somente um amontoado de matéria, está incorreto. Com *advaita jñana*, a sabedoria da não dualidade, vemos que o nosso planeta não é apenas uma massa inanimada de minerais. Há inteligência e criatividade nele. Este planeta produziu coisas maravilhosas, tantas espécies. A espécie humana é apenas uma das inúmeras espécies que este Planeta Terra produziu.

Quando caminhamos em meditação, nós usamos a nossa sabedoria da não dualidade. Vemos que não estamos pisando em mera matéria. Vemos que estamos tocando nossa própria Mãe Terra, uma realidade maravilhosa. Ela não precisa ser um ser humano para ser mãe. Ela é a mãe de todos nós, com capacidade de nos carregar, gerar, nutrir e curar.

Quando estamos com problemas de saúde, às vezes, ficamos perdidos. Temos que regressar à nossa mãe, a Terra, para ser curado novamente. Andar em meditação é uma prática maravilhosa que pode nos ajudar a regressar e a encontrar a cura da Mãe Terra. A Terra é um bodisatva com grandes virtudes, como a solidez e a paciência. No Sutra Kshitigarbha está dito que a Terra é "perseverante, sólida e fornece muitas coisas".

Relaxando em cada passo

Quando andar de um lugar para outro, ande e esteja totalmente no momento presente. Enquanto anda, dê passos de uma forma relaxada, apreciando a beleza à sua volta.

Esteja totalmente no momento presente, com a chuva de primavera, com as folhas de outono. Caminhe de uma maneira livre e vagarosa, e chegue em casa em cada passo. Ao andar e inspirar, você pode dizer: *"Eu nasço no momento presente"*. Ao expirar, você pode dizer: *"Estou à vontade no aqui e agora"*. Quando você anda relaxadamente e com alegria, já está praticando a consciência atenta.

Quando você anda e outros veem você irradiando paz, felicidade e calma, você é como um lembrete para todos nós. Quando vemos você andando assim, regressamos para nós mesmos e andamos da mesma maneira que você anda. Você contribui para que seja gerada a energia coletiva de consciência plena e paz que nutrirá e transformará todos nós. Quando praticamos juntos, nós damos e recebemos. Oferecemos as energias da consciência plena, da concentração, da paz e felicidade e recebemos estas energias dos outros. A qualidade da prática coletiva é o alicerce de uma comunidade de prática.

Os seus passos devem lhe trazer de volta ao momento presente e para aquilo que é nutridor. Você não precisa se apressar. Não há por que ter pressa. Cada passo é um relaxamento. Você deseja ser bem-sucedido em sua prática. Quando você pratica para ficar com a mente em paz, todo mundo quer que você seja bem-sucedido. Você não anda só para o seu próprio benefício, como também por seus pais, que podem nunca ter tido a oportunidade de praticar, por seus antepassados, o seu professor, seus amigos.

Na verdade, você anda para que todos sejam felizes. Parece que você está andando sozinho, mas você não está sozinho. Tem muita gente à sua volta que precisa da sua prática para ser feliz e descontraída.

Deitando-se ou indo dormir

Do mesmo modo como quando você pratica sentado ou caminhando, você pode meditar no corpo inteiro quando estiver prestes a ir dormir. Deite-se de costas. Em vez de ficar pensando numa coisa e outra, volte-se para sua respiração e pratique inspirando e expirando. Pode ser que você goste de perceber e dizer para si mesmo: *"Alegria enquanto respiro; felicidade enquanto descanso"*. Inspire e expire desse modo. Se você se concentrar na inspiração e expiração, permitindo que a alegria e a felicidade sejam geradas, provavelmente você vai achar que pode dormir em paz. *"Alegria ao respirar... Alegria é a respiração"*. Eles são a mesma coisa. A alegria não está do lado de fora da respiração. A respiração é a própria alegria. Isto se dá porque a qualidade da respiração é muito alta; é uma respiração consciente, uma forma de respirar que traz harmonia, calma e alegria. Por isso, a alegria é a respiração. Não estamos usando a respiração a fim de trazer alegria. A alegria se torna a respiração. A respiração torna-se alegria.

A palavra *bhavana* significa cultivo. Esta palavra descreve como nos treinamos na prática da meditação. Somos capazes de produzir algo que não existia antes. É como o cultivo de flores, trigo ou milho. *Bhavana* significa trazer algo à existência. Em português usamos a palavra "prática". Se tivermos uma prática que é boa, que é sólida, não devemos temer coisa alguma, porque a prática nos ajuda a gerar alegria, felicidade, paz, harmonia e reconciliação; e ela nos ajuda a lidar com a dor, o sofrimento, a separação, e os mal-entendidos. Com a consciência atenta e meditando no corpo inteiro podemos começar a nos conhecer totalmente. Não há razão alguma para ter medo.

PRÁTICA
Relaxamento profundo

Permita-se relaxar por, pelo menos, 20 minutos. Quando você pratica o relaxamento profundo em grupo, uma pessoa pode guiar o exercício utilizando as sugestões abaixo ou alguma variação das mesmas. Para relaxar profundamente quando estiver sozinho(a), você pode gravar um exercício para segui-lo enquanto pratica. O relaxamento profundo pode ser feito em casa, no escritório ou em qualquer lugar, pelo menos uma vez por dia, em qualquer lugar que você tenha um espaço para se deitar confortavelmente. Você pode praticá-lo com outras pessoas, com alguém conduzindo a sessão.

Deite-se de costas com os braços ao longo do corpo. Acomode-se. Deixe seu corpo relaxar. Esteja consciente do chão embaixo de você... e do contato do seu corpo com o chão (Respire). Deixe o seu corpo afundar no chão (Respire).

Torne-se consciente da sua inspiração e expiração. Esteja ciente do seu abdômen subindo e descendo enquanto você inala e exala (Respire). Subindo... descendo... subindo... descendo (Respire).

Inspirando, traga sua atenção para os seus olhos. Expirando, permita que os seus olhos relaxem. Permita que seus olhos mergulhem para o interior da sua cabeça... solte a tensão de todos os pequenos músculos em torno de seus olhos... os nossos olhos nos permitem ver um paraíso de formas e cores... deixe que os seus olhos descansem... envie amor e gratidão para os seus olhos... (Respire).

Inspirando, leve sua consciência para sua boca. Expirando, permita que sua boca relaxe. Solte a tensão em torno da sua boca... os seus lábios são as pétalas de uma flor... permita que um ar sorridente brote em seus lábios... sorrindo, libere a tensão de dezenas de músculos do seu rosto... sinta a tensão se soltando das suas bochechas... do seu queixo... da sua garganta... (Respire).

Inspirando, leve sua consciência para os seus ombros. Expirando, permita que os seus ombros relaxem. Deixe-os afundar no chão... deixe toda a tensão acumulada fluir em direção ao chão... você carrega tanto peso nos ombros... agora deixe-os relaxar enquanto você cuida dos seus ombros (Respire).

Inspirando, tornar-se consciente dos seus braços. Expirando, relaxe os braços. Deixe os seus braços afundarem no chão... seus braços... cotovelos... antebraços... punhos... mãos... dedos... todos os pequeninos músculos... mova um pouco os dedos, se precisar, para ajudar os músculos a relaxarem (Respire).

Inspirando, traga sua consciência para o seu coração. Expirando, permita que o seu coração relaxe (Respire). Você esteve negligenciando o seu coração por muito tempo... pela forma como você trabalha, come e lida com a ansiedade e o estresse... (Respire). Seu coração bate dia e noite por você... envolva o seu coração com consciência plena e ternura... reconciliando e cuidando do seu coração (Respire).

Inspirando, leve sua consciência para as suas pernas. Expirando, deixe suas pernas relaxarem. Solte toda tensão das pernas... das coxas... dos joelhos... das panturrilhas... dos tornozelos... dos pés... dos dedos dos pés... pode ser que você queira mover um pouco os dedos dos pés para ajudá-los a relaxar... envie o seu amor e carinho aos dedos dos seus pés (Respire).

Inspirando, expirando, todo o seu corpo está se sentindo leve... como um lírio-d'água flutuando sobre a água... você não tem que ir a algum lugar... não tem nada para fazer... você é livre como as nuvens flutuando no céu... (Respire).

(Canto ou música por alguns minutos) (Respire).

Traga sua atenção de volta à respiração... para o seu abdômen subindo e descendo (Respire).

Seguindo sua respiração, esteja consciente dos seus braços e pernas... pode ser que você queira movimentá-los um pouco e alongá-los (Respire).

Quando sentir que está pronto, vá se sentando lentamente (Respire).

Quando estiver pronto, lentamente vá se levantando.

4
Encontrando a paz

Esteja você caminhando ou sentado em meditação, a primeira coisa a fazer para meditar no corpo inteiro é acalmar sua respiração, o seu corpo e suas emoções. Isso pode ser que pareça ser muito, mas, se você segue sua respiração, isso poderá acontecer bem naturalmente. Logo que sentar ou começar sua caminhada traga sua atenção para sua inspiração e expiração. Sua respiração vai ficar tranquila imediatamente. É importante não forçar sua respiração. Quando sua respiração estiver mais tranquila, harmoniosa e agradável, você começa a apreciar sua inspiração e expiração e a se beneficiar da harmonia e paz que a prática lhe proporciona.

Pacificando o nosso corpo

A próxima coisa a fazer é reconhecer o seu corpo. Esta é uma prática muito importante, porque muitos de nós diariamente nos esquecemos de que temos um corpo. Este exercício de regressar ao nosso corpo nos lembra de que cada um de nós tem um corpo que é a nossa casa. Se você conseguir entrar em contato com o seu corpo, você consegue entrar em contato com a vida. *"Inspirando, estou consciente do meu corpo. Expirando, eu sei que o meu corpo existe."*

Quando você está desnorteado no seu computador, não está vivendo em um mundo real. Em Plum Village nós achamos bom instalar em nosso computador um sino que soa a cada quinze minutos. Quando estiver trabalhando e ouvir o sino, você retorna à sua inspiração e expiração. Você inspira e reconhece que tem um corpo. Quando você retorna ao seu corpo, você entra em contato com a vida; você entra em contato com tudo o que está dentro e em torno de você. Inspirar e expirar, estando consciente do seu corpo, lhe ajuda a soltar a tensão e a levar paz ao seu corpo, e você sente como é agradável estar com o corpo.

Logo que nossa inspiração e expiração se tornam mais tranquilas e agradáveis, o nosso corpo começa a se beneficiar. Pode ser que não haja paz suficiente em nosso corpo. Pode ser que exista tensão, estresse e dor em nosso corpo. Estejamos conscientes disso ou não, há sofrimento em nosso corpo porque não há paz suficiente. Mas logo que nossa inalação e exalação começam a se tornar mais tranquilas, essa paz será enviada ao nosso corpo.

Todos nós podemos aprender a produzir mais paz em nosso corpo. Quer estejamos sentados, em pé parado, andando, deitado, comendo ou trabalhando, podemos sempre praticar respirando conscientemente para soltar a tensão do nosso corpo e proporcionar mais paz a ele. Podemos dizer para nós mesmos: *"Inspirando, estou consciente do meu corpo"*. Nós trazemos a mente de volta ao corpo, reconhecemos a presença do corpo, e soltamos qualquer tensão alojada nele. *"Expirando, eu solto a tensão do meu corpo."* Isso produz paz em nosso corpo e pode ser feito em apenas alguns minutos. A paz é algo muito concreto; há um sentimento harmonioso, agradável nascido da paz. Com a prática de respirar conscientemente é possível tranquilizar o seu corpo e a mente.

Escaneamento do corpo: relaxamento profundo

Há um exercício para soltar a tensão do corpo como um todo, e de cada uma de suas partes. Podemos começar prestando atenção no corpo como um todo e depois em diferentes partes do corpo. Comece com a cabeça ou cabelo da cabeça e termine com os dedos dos pés. *"Inspirando, estou consciente do meu cérebro. Expirando, eu sorrio para o meu cérebro"* – use a mente consciente para reconhecer a existência de determinada parte do corpo. Desse modo, nós podemos reconhecê-la e envolvê-la com a energia da consciência plena, e deixar que aquela parte do corpo relaxe e solte a tensão.

Depois você desce para os olhos, *"Inspirando, estou consciente dos meus olhos, expirando eu sorrio para os meus olhos"*. *"Eu deixo os meus olhos relaxarem a tensão que está dentro e em torno deles."* Um leve sorriso pode lhe ajudar a relaxar. Você continua enviando este sorriso para diferentes partes do seu corpo.

Há dezenas de músculos em seu rosto, e quando ficamos com raiva ou com medo há muita tensão em todos estes músculos. Se você inspira e está consciente deles, e expira e sorri para eles, você pode ajudá-los a soltar a tensão. O seu rosto pode ficar totalmente relaxado após uma única inspiração e exalação. Seu sorriso pode fazer surgir um milagre. *"Inspirando, eu sorrio. Expirando, eu deixo que todos os músculos do meu rosto relaxem."*

Em seguida você se aproxima dos seus ombros e depois do seu coração. Depois do seu braço esquerdo e direito, sempre os reconhecendo com a energia da consciência plena e sorrindo para eles e os ajudando a soltar a tensão. É como se você estivesse escaneando o corpo – não com um raio X, mas com o raio da sua consciência plena. Você passa um tempo, talvez dez ou quinze minutos, para escanear o seu corpo com a energia da consciência plena. Sorrindo para cada parte do seu corpo, você ajuda aquela parte do corpo a relaxar e a soltar a tensão.

Quando chegarmos em uma parte do corpo que está doendo, podemos permanecer ali por mais tempo. Devemos passar mais tempo reconhecendo e envolvendo aquela parte do nosso corpo com a energia da consciência plena. Acolha-a, sorria para ela, e ajude-a a soltar a tensão. A prática deste exercício vai lhe ajudar a curar-se. Se você tem que usar alguns remédios para alguma indisposição física, por favor, não confie somente neles. Quando você sabe como ajudar aquela parte do corpo a soltar a tensão, a cura acontece muito mais rapidamente. Quando houver uma dor física, sua consciência plena lhe dirá que aquilo é somente uma dor física, e com este tipo de consciência você não vai exagerar aquilo ou piorar a dor devido ao medo e à tensão.

O conselho de Buda é que, depois de nos tornarmos conscientes do corpo inteiro, podemos nos tornar conscientes dos quatro elementos: água, fogo, ar e terra dentro do corpo. Foque em cada elemento e veja se você consegue sentir este elemento em seu corpo. Cerca de 60% do corpo humano é formado de água; o cérebro é composto de 70% de água, 83% do nosso sangue é água, a água nos ajuda a digerir a comida. Para o fogo, nós podemos pensar no calor e na energia que podemos gerar em nosso corpo. O ar é o sopro de nossa vida. Terra é o que comemos e digerimos, e as vitaminas e minerais em nosso sangue e ossos. Se houver equilíbrio suficiente entre os quatro elementos, então há saúde. Grande parte da doença humana vem do desequilíbrio entre estes quatro elementos. Reconheça os quatros elementos interiormente, e reconheça os quatro elementos à sua volta, para ver a conexão entre o corpo e tudo o que normalmente consideramos estar "fora" do corpo.

Em seguida ficamos conscientes das posições do corpo. Enquanto estiver sentado, esteja consciente de estar sentado. Enquanto estiver andando, esteja consciente dos passos que dá. Sentar em meditação é, em primeiro lugar, estar consciente de que estamos numa posição sentada. Podemos sentar de um modo que traga calma, solidez e bem-estar ao nosso corpo. Quando andar, ande de um modo que traga solidez, liberdade e prazer a você enquanto anda. Ao sentar, andar, ficar em pé parado, e deitado, você está consciente de cada uma dessas quatro posições básicas do seu corpo. Esta é a prática da consciência plena relativa ao corpo. Então nós nos tornamos conscientes de cada ação do corpo: levantando-se, curvando-se, vestindo nosso casaco – cada gesto do seu corpo deve ser seguido, deve se tornar o objeto de sua atenção.

Paz nos sentimentos

A paz que alcançamos quando respiramos atentamente pode beneficiar tanto o nosso corpo como também os nossos sentimentos e percepções. A atenção nos ajuda a manter contato com o que está acontecendo em nosso corpo, em nossos sentimentos e percepções. Podemos tomá-los como objetos de nossa meditação. Há muitas coisas maravilhosas dentro de nós e à nossa volta. Quando as tomamos como objetos da nossa plena atenção estas coisas maravilhosas podem nos nutrir e nos curar. Todas as manhãs, ao acordarmos, podemos inspirar conscientes de estarmos inspirando e entrar em contato com as maravilhas da vida. A consciência plena permite que estejamos relacionados a essas coisas maravilhosas e nutridoras, que nos trazem cura, alegria e felicidade. O primeiro benefício da atenção plena é alegria e felicidade.

Abrandando os sentimentos dolorosos

Meditar no corpo inteiro nos ajuda a tomar consciência de cada sentimento no momento em que ele surge, seja este sentimento agradável, desagradável, neutro, ou um sentimento misto. Antes de cuidar dos sentimentos dolorosos, precisamos ter a habilidade de nos relacionar com os sentimentos não dolorosos. Nós cultivamos a alegria e a felicidade para nos nutrir, e para que assim tenhamos a capacidade e a energia para cuidar dos sentimentos dolorosos. Tranquilizar nossa respiração e nosso corpo e soltar tensões já pode proporcionar um sentimento de alegria ou de felicidade. *"Inspirando, eu sinto alegria. Expirando, eu sorrio para a alegria em mim." "Inspirando, eu me sinto feliz. Expirando, eu sorrio para o sentimento de felicidade em mim."*

Nem sempre devemos ir direto ao sentimento doloroso. É melhor nos nutrir primeiro com sentimentos alegres e felizes. Quando uma pessoa precisa se submeter a uma cirurgia, normalmente o cirurgião recomenda que o paciente descanse bastante, se possível, antes da cirurgia, a fim de estar em seu estado o mais resistente possível para suportar as dificuldades cirúrgicas.

Se você estiver com algum sentimento doloroso, a atenção plena lhe ajudará a reconhecê-lo. Ao soltar a tensão do seu corpo você consegue reduzir a intensidade da dor corporal e também o sentimento de dor. Um sentimento doloroso pode ter sua origem no corpo ou percepções equivocadas. O medo e a raiva geralmente vêm de percepções equivocadas. Se você conseguir admitir o seu sentimento e o acolher afetuosamente com sua respiração consciente, poderá ajudá-lo a se acalmar. *"Inspirando, estou consciente de um sentimento doloroso. Expirando, eu acalmo o meu sentimento doloroso."* Você produz a paz. Este é o cultivo da paz através das práticas de respirar conscientemente e de sentar conscientemente. Você também pode cultivar a paz através da prática de andar conscientemente. Nós podemos caminhar para soltar as nossas tensões corporais e também para estarmos conectados à Terra. Andar conscientemente nos ajuda a ficar ciente de que é uma grande felicidade ser capaz de tocar a Terra, nossa mãe. Esta é uma grande felicidade que podemos desfrutá-la em qualquer momento que quisermos. Nós devemos saber como gerar um sentimento agradável em nós mesmos com a atenção plena. Nós devemos ser capazes de ajudar outra pessoa a fazer o mesmo. É sempre possível produzir um sentimento agradável.

Quando você está em contato com um sentimento doloroso, a consciência plena pode lhe ajudar a abraçar, aliviar e acalmar aquela dor. A consciência plena lhe põe em contato com coisas positivas, e também lhe deixa consciente daquilo que é doloroso.

Pode ser que você esteja com raiva. Em vez de deixar que a raiva arruíne sua mente e corpo, você pode respirar conscientemente, voltar-se para o seu corpo, e envolver este sentimento difícil com a energia da consciência plena. *"Inspirando, eu sei que há raiva em mim. Expirando, eu acolho minha raiva."* Imediatamente, algo diferente acontece. Sem consciência plena, só existe a energia da raiva, que pode nos compelir a dizer e fazer coisas que podem causar danos. Mas quando conseguimos fazer surgir uma segunda energia, a energia da plena atenção, ela admite, acolhe e suaviza a energia da raiva.

Quando a raiva vier à tona, torne-se consciente da sua respiração e gere a energia da consciência plena. A energia da raiva ainda está ali, mas agora a energia da consciência plena também estará lá, admitindo e acolhendo a raiva. *"Minha raivazinha, eu estou aqui ao seu dispor, eu vou cuidar bem de você."* Neste momento, há duas energias operando: o sofrimento e a atenção plena, que admite e acolhe o sofrimento. Praticando desse modo, você pode obter alívio muito rapidamente.

Quando uma mãe ouve o bebê chorando, ela entra no quarto do bebê, pega o bebê, e o envolve com muita ternura. Quando a ternura começa a penetrar no corpo do bebê, o bebê imediatamente sofre menos, antes mesmo de a mãe ter descoberto o que há de errado. O mesmo acontece com o seu sofrimento. O sofrimento é o seu bebê e você é a mãe. *"Olá, minha raivazinha. Estou aqui. Estou sempre aqui a seu dispor."* Com a prática da respiração consciente você gera a energia da consciência plena que admite e acolhe a dor em você. O alívio vem imediatamente. Esta é a segunda função da consciência plena. É uma arte que todos nós podemos aprender.

Com plena atenção podemos nos nutrir e nos curar com coisas positivas, e podemos acolher e aliviar o sofrimento. Quando você consegue manter viva essa atenção plena, há concentração. A concentração nasce da atenção plena. Quando você pratica profundamente a atenção plena, a concentração surge. Com concentração você é capaz de examinar profundamente o que existe. Você pode avançar em direção à realidade. O discernimento nasce da atenção e da concentração.

PRÁTICA
Dezesseis exercícios para respirar conscientemente

Em um texto chamado *O Sutra sobre a plena atenção da respiração*, Buda propôs dezesseis exercícios para respirarmos conscientemente. Já vimos que o nosso corpo e mente *inter-são*. Os primeiros quatro exercícios para respirar conscientemente destinam-se a trazer a mente de volta ao corpo e a cuidar do corpo.

1) Consciência da respiração

O primeiro exercício é permanecer atento à sua inspiração e expiração. Enquanto inspira, volte sua atenção para sua inspiração. Foque a atenção somente na sua inspiração e largue tudo mais. Você larga o passado, larga o futuro, desobriga-se dos seus projetos e fica livre. Somente por estar inspirando, você está livre, porque neste momento você não é a sua tristeza, o seu medo, ou o seu arrependimento. Você é apenas a sua inspiração. *"Inspirando, eu sei que estou inspirando. Expirando, eu sei que estou expirando."* Embora o exercício seja muito simples, o resultado pode ser notável. Podemos nos libertar apenas por estar focalizando nossa atenção em nossa inspiração e expiração.

Quando acordamos todas as manhãs, temos a oportunidade de regressar ao nosso corpo. Inspirando, nós reconhecemos que existe uma inspiração. *"Inspirando, sei que esta é uma inspiração. Expirando, sei que esta é uma expiração."*

Isto é iluminação. Você não tem que praticar oito anos para ser iluminado. Normalmente nós não sabemos que estamos respirando; nós simplesmente respiramos. Agora, nós inspiramos, colocamos nossa mente nisso, e sabemos que estamos inspirando. Reconhecemos: *"Eu estou inspirando"*. Inspirar nos faz sentir vivos. Respire: você está vivo! Estar vivo é algo maravilhoso.

Vemos este exercício como o ABC da prática da atenção plena. Mas este não é somente o ABC, porque desde o primeiro dia de prática, por saber que há uma inspiração ou uma expiração acontecendo, você já está iluminado(a). Inspirar e expirar conscientemente pode ser muito agradável.

Então, neste exercício, nós identificamos a inspiração como sendo uma inspiração e a expiração como sendo uma expiração. O efeito pode ser muito profundo, porque, quando você presta atenção à sua inspiração e vai para a casa do seu corpo, de repente, você tem uma sacada: *"Eu tenho um corpo"*. Quando a mente e o corpo estão juntos, você está verdadeiramente no aqui e agora para viver sua vida. Por favor, não subestime a simplicidade deste exercício. Mesmo que esteja engajado na prática de respirar conscientemente por dez ou vinte anos, esta prática continua sendo muito maravilhosa, e você continua recebendo cada vez mais benefícios dela.

2) Seguindo a respiração

O segundo exercício é respirar com atenção plena, da seguinte forma: *"Inspirando, eu sigo a minha inspiração do início ao fim. Expirando, eu sigo minha expiração do início ao fim*". Enquanto inspira e expira, você não cultiva somente a atenção, mas também a concentração.

Sua atenção não é interrompida durante a inspiração e expiração. Ao manter sua mente totalmente focada na sua inspiração e expiração, você desenvolve a concentração. O seu objeto de concentração é sua inspiração. Nenhum milésimo de segundo se perde; você está totalmente ligado à sua inspiração, e permanece firme na sua inspiração. Não há mais pensamento, não há mais passado, nem futuro; você está realmente se deleitando com sua inspiração. Enquanto inspira, você pode ter muitos lampejos, como: *"Inspirando, eu estou vivo(a)!"* Você pode comemorar o milagre de estar vivo(a) simplesmente por estar inspirando. Isso já é felicidade. Você não tem que sair buscando a felicidade noutro lugar. Simplesmente sente-se e inspire e desfrute do fato de estar vivo(a). É um prazer acompanhar todo o percurso da inspiração e da expiração e desenvolver concentração. Você não tem que sofrer durante a prática.

Quando focar sua atenção na sua respiração, você descobrirá muito rapidamente que você é uma realidade viva, presente no aqui e agora, e sentado neste belo Planeta Terra. À sua volta estão a luz do sol, as árvores, e o céu azul. Atenção plena e concentração lhe põem em contato com as maravilhas da vida e lhe permitem apreciar, estimar e valorizar essas coisas.

Quando você pratica respirando conscientemente enquanto anda, você compreende que é maravilhoso estar vivo, pisando neste belo planeta; a felicidade surge imediatamente. A felicidade não é feita de dinheiro, fama e poder, mas da consciência da respiração. Seguindo sua respiração, e desfrutando todo o seu percurso, você cultiva mais concentração, pois atenção plena e concentração são essencialmente da mesma natureza, como água e gelo. Onde há atenção e concentração, também há discernimento. Atenção plena carrega dentro de si a concentração e o discernimento.

Inspirando, você entra em contato com o fato de estar vivo, com o fato de que os seus pulmões ainda estão saudáveis, e você pode respirar livremente – e isso já é discernimento. Há pessoas que inspiram sem saber que estão inspirando. Elas não sabem que estão vivas e que as maravilhas da vida estão dentro e em torno delas; assim não há discernimento. Mas você, que respira conscientemente, focado em sua respiração, sabe que está vivo(a), sabe que a vida é um milagre, e que você está vivendo esse milagre no aqui e agora. Isto já é *insight*. Você não tem que praticar oito anos ou vinte anos, a fim de ter um lampejo. Alguns segundos de atenção e concentração já podem lhe proporcionar algum discernimento. São estas três energias de atenção plena, concentração e discernimento que podem gerar alegria e felicidade. *"Inspirando, eu sinto alegria"* não é autossugestão. É um fato.

Com as três energias de atenção plena, concentração e discernimento nós podemos facilmente produzir paz e alegria em todos os momentos de nosso cotidiano.

3) Consciente do corpo

O terceiro exercício é para nos tornarmos conscientes do nosso corpo. *"Inspirando, estou ciente de todo o meu corpo.*

Expirando, estou ciente de todo o meu corpo." Nós nos reconectamos com o nosso corpo toda vez que nos lembramos que o nosso corpo existe. Quando corpo e mente estão juntos estamos verdadeiramente presentes no aqui e no agora e podemos viver profundamente cada momento da vida cotidiana. *"Inspirando, estou ciente de que tenho um corpo."* Isso é um despertar.

Nós nos reconciliamos com o nosso corpo, nos tornamos nosso corpo, e interrompemos a alienação e a divisão corpo-mente. Quando regressamos ao nosso corpo, nos tornamos conscientes do seu sofrimento, incômodo e dissimulação. Sabemos que temos de ser gentis com o nosso corpo e oferecer a ele uma oportunidade de relaxar. *"Inspirando, eu relaxo meu corpo e mente; expirando, eu acalmo meu corpo e mente."* Parar está em primeiro lugar; acalmar em segundo. É maravilhoso parar. E acalmar é ainda mais maravilhoso. O sofrimento começa a diminuir.

Respirando conscientemente você pode regressar ao corpo e entrar em contato com a maravilha que o seu corpo é. Se soubermos entrar em contato com o nosso corpo e nos conectarmos a ele, vamos nos conectar com a Mãe Terra e todo o cosmos. Nós começamos com a nossa inspiração. Com a nossa inspiração, vamos para a casa do nosso corpo. Indo para a casa do nosso corpo, vamos para a casa da Mãe Terra e tocamos todo o cosmos.

Quando a mente e o corpo se unem graças a estes exercícios, nós nos estabelecemos no aqui e no agora e ficamos verdadeiramente vivos. Quando a mente e o corpo estão separados, você não está presente. Inspirando e unificando corpo e mente é o momento em que você está realmente vivo. Quando você consegue tocar as maravilhas da vida dentro de si e à sua volta, isso é vida.

Quando você está relacionado ao seu corpo, você não só entra em contato com a maravilha que é o seu corpo, como também pode perceber que nele há algo que precisa ser transformado, como tensão e dor. Estivemos vivendo em estado de esquecimento, e permitimos que a tensão e a dor se acumulassem em nosso corpo. Temos muito estresse todo dia. A vida moderna faz com que muita tensão e estresse se acumulem em nosso corpo.

4) Soltando a tensão do corpo

Se estiver conectado com o seu corpo você pode perceber que há tensão, dor e estresse nele. Você desejaria fazer algo para aliviar a tensão e reduzir a dor corporal. Enquanto inspira e expira você simplesmente permite que a tensão do seu corpo seja liberada. Essa é a prática do relaxamento profundo. *"Expirando, eu libero a tensão do meu corpo."* Nós podemos fazer isso quando estivermos sentados, em pé, caminhando, ou deitados. Nós também podemos fazê-lo quando estivermos dirigindo o nosso carro ou preparando nosso café da manhã. Não temos que reservar um tempo especial para fazer essas coisas.

Em qualquer posição que o corpo estiver, esteja você deitado, em pé, sentado, ou andando, você *sempre* pode liberar a tensão. Sentado no ônibus, você pode praticar respirando e aliviando a tensão. Ao andar até a sala de aula, o local de trabalho, ou a sala de meditação, você pode deixar que a tensão seja liberada em cada passo. Você caminha como uma pessoa livre. Você desfruta cada passo que dá. Você deixa de estar com pressa. Ande como uma pessoa livre, liberando a tensão corporal a cada passo. Esta é a maneira de andar toda vez que você precisa se deslocar de um lugar para outro.

Nós não precisamos reservar um tempo especial para a prática. Podemos praticar o dia inteiro e imediatamente se beneficiar com a prática. Dirigindo o carro, tomando banho, preparando o café da manhã, podemos ter o prazer de fazer essas coisas. Nós não podemos dizer: "Eu não tenho tempo para praticar". Temos tempo de sobra. Quando você pratica e fica relaxado e alegre, isso beneficia todo mundo à sua volta. Praticar a respiração consciente é um ato de amor. Você se torna um instrumento de paz e alegria, e consegue ajudar os outros.

Embora estes quatro exercícios nos ajudem a nos conectar com o nosso corpo, vemos que a mente já está profundamente envolvida. Sem mente, não poderíamos cuidar do nosso corpo, e sem corpo, não poderíamos cuidar da nossa mente. A mente está cuidando do corpo e o corpo está dando suporte à mente; eles não são inimigos.

5) Sentimentos

Com o quinto exercício, nós chegamos ao reino dos sentimentos. O primeiro sentimento que precisamos nos relacionar é com a nossa alegria. Quando despertamos para o fato de que temos um corpo, de que estamos vivos, e que podemos entrar em contato com as maravilhas da vida, surge a alegria de estar vivo. Então, produzir um sentimento de alegria pode ser muito fácil e natural: *"Inspirando, eu sinto alegria. Expirando, eu sinto alegria".*

Nós nos perdemos em nosso trabalho, em nossas preocupações, e não conseguimos ver as maravilhas da vida. Agora estamos retornando e entrando em contato com o ar puro, o copo de água cristalina, as flores e a grama, com o maravilhoso Planeta Terra. Vemos que temos dois olhos e dois ouvidos que nos permitem nos relacionar com essas maravilhas. A alegria chega facilmente.

6) Felicidade

O sexto exercício é produzir um sentimento de felicidade. A felicidade é possível aqui e agora. Você só precisa inspirar alguns segundos para tornar-se esclarecido do fato de que é possível ser feliz aqui e agora. É bom que nos lembremos de que a atenção plena e a concentração são fontes de felicidade. Muitas pessoas acreditam que ter mais riqueza, mais poder, mais fama vão fazê-las felizes. Mas aqueles entre nós que praticam a atenção plena sabem que a atenção plena é uma fonte de felicidade. Alegria e felicidade diferem um pouco, pois a alegria ainda contém uma certa quantidade de excitação.

Se nós já tivermos dominado os quatro primeiros exercícios, torna-se muito fácil, porque, quando inspiramos e expiramos, trazemos nossa mente de volta ao nosso corpo, e soltamos a tensão do nosso corpo, então nos encontramos estabelecidos no aqui e agora e estamos numa posição de reconhecer que temos mais condições do que precisamos para ser feliz. A vida tem tantas maravilhas!

Há uma crença de que não dispomos de condições suficientes para sermos felizes. Há uma tendência de corrermos em direção ao futuro para buscar mais condições de felicidade. Os franceses têm uma canção intitulada "O que estamos esperando para ser feliz?" *"Inspirando, estou consciente do sentimento de felicidade"* – isso não é imaginação ou pensamento positivo, porque, quando retornamos para nós mesmos, podemos entrar em contato com as maravilhas da vida. A primeira maravilha é nossa respiração. A segunda é o nosso corpo. Quando o corpo e a mente estão unificados, podemos nos relacionar com as maravilhas da vida. Então vamos ter alegria e felicidade. Este é o ensinamento e a prática de Buda. Nós não buscamos Buda no corpo dele, nós o buscamos nos seus ensinamentos. Buda está prosseguindo através da prática dos seus ensinamentos. Desta forma podemos nos relacionar com Buda no momento presente.

7) Reconhecendo os sentimentos dolorosos

Quando um sentimento doloroso ou uma emoção dolorosa surgir, reconheça e acolha este sentimento ou emoção com ternura sem desejar suprimi-los. *"Inspirando, eu estou ciente de um sentimento doloroso em mim. Expirando, eu estou ciente de um sentimento doloroso em mim."* Esta é a prática de simplesmente reconhecer a sensação dolorosa quando ela surge. Existe a energia da dor, mas também existe a energia da atenção plena envolvendo a dor. Aqueles que não praticam permitem que a dor os oprima ou tentam fugir dela, ingerindo algo que encubra o sentimento doloroso interno. Pode-se comer algo, ouvir música; fazer qualquer coisa para não enfrentar o sofrimento interior. O mercado nos fornece tudo o que podemos usar para encobrir o sofrimento interno. Ao consumirmos desse modo nós permitimos que o sofrimento interno cresça. Temos que nos relacionar com a nossa dor para termos a oportunidade de curá-la.

Nós sofremos, nós estamos doentes, é por isso que praticamos a meditação, para melhorarmos, para nos libertarmos do sofrimento. Nós entramos em contato com alegria e felicidade, e com o nosso sofrimento e dor. Aqueles entre nós que conhecem a prática sempre usam a energia da atenção plena para reconhecer e acolher carinhosamente a energia da dor. Trazendo nossa mente de volta ao nosso corpo e cultivando alegria e felicidade nos dá a força que precisamos para encontrar e acolher os nossos sentimentos dolorosos. Nós não estamos mais fugindo deles ou os encobrindo. Reconhecer e acolher o sentimento doloroso finda a alienação entre corpo e mente.

8) Aliviando um sentimento doloroso

Quando sabemos acolher a nossa dor com ternura, somente por fazer isso, já podemos nos sentir um pouco aliviados. Essa é a prática do oitavo exercício de respirar conscientemente, aliviando a dor e aliviando um sentimento ou emoção dolorosa. *"Inspirando, eu acolho o meu sentimento doloroso. Expirando, eu acalmo o meu sofrimento."* Toda vez que percebermos que um sentimento ou emoção dolorosos estão surgindo, nós sempre retornamos à nossa respiração consciente e geramos a energia da plena atenção para reconhecer e acolher a dor, do mesmo modo como uma mãe amorosa reconhece o sofrimento do filho dela e amorosamente o abraça.

Com estes quatro exercícios relacionados aos sentimentos, sabemos como lidar com a felicidade e a dor. Se soubermos como administrar a felicidade, seremos capazes de alimentá-la e fazê-la perdurar. Podemos nutrir o nosso amor, paz e felicidade e mantê-los por um longo tempo. Quando houver dor, não teremos medo, pois saberemos como administrá-la, como aliviá-la e transformá-la em outra coisa.

No início, pode ser que não saibamos de onde veio o nosso sofrimento, mas como somos capazes de reconhecê-lo e acolhê-lo com ternura, já sofremos menos. Já obtivemos algum alívio. Se continuarmos com atenção plena e concentração, vamos descobrir logo a natureza e as raízes da nossa dor e sofrimento. Se você estiver deprimido, pode ser que não saiba por que aquela depressão surgiu. É como se ela tivesse vindo inesperadamente. Mas tudo tem sua origem, suas raízes. Se você souber gerar a energia da atenção e da concentração, se souber reconhecer sua depressão e abraçá-la, você já vai sofrer menos. Quando estiver consciente e concentrado para investigar a natureza da sua depressão, você vai descobrir como e de onde foi que ela veio.

9) Reconhecendo as formações mentais

Com o próximo exercício de respirar atentamente, chegamos ao reino da mente. Este nono exercício é para reconhecermos quaisquer pensamentos ou formações mentais no momento em que eles surgem. *"Inspirando, estou atento à minha mente. Expirando, eu estou atento à minha mente."* No budismo, há cinquenta e uma categorias de formações mentais. Existem formações mentais benéficas como alegria, felicidade, fraternidade, tolerância, atenção plena, concentração, compreensão, amor. E há também formações mentais negativas, como a raiva, o medo, o desespero, o ciúme. Todas essas formações mentais estão em nossa consciência em forma de sementes. Toda vez que uma delas se manifesta enquanto energia, devemos estar suficientemente atentos para reconhecê-la. É vantajoso conhecer as características de cada uma delas, para que, quando elas vierem à tona, você possa reconhecê-las e chamá-las pelo seu verdadeiro nome. "Olá, minha formação mental! Você se chama ciúme, eu te conheço. Eu vou cuidar de você." Este é o nono exercício de respiração consciente. Você se senta nas margens do rio das formações mentais e identifica qualquer formação mental que surgir.

10) Alegrando a mente

O décimo exercício é tornar bela a nossa paisagem mental. *"Inspirando, eu alegro minha mente. Expirando, eu alegro minha mente."* Nós sabemos que existem formações mentais benéficas nas profundezas de nossa consciência, como o amor, o perdão, a alegria, a compreensão. Devemos ser capazes de nutri-los e dar-lhes uma chance de se manifestarem em nosso cotidiano como belas formações mentais. Toda vez que a formação mental da compaixão ou da alegria surgem, nós nos sentimos maravilhosamente bem. Temos em nossa consciência muitas formações mentais benéficas, como estas, e devemos dar-lhes a oportunidade de se manifestarem sempre que possível.

Nós sabemos que o nosso parceiro, a pessoa que amamos, também tem coisas boas dentro de si, e pode ser que queiramos dizer ou fazer algo para que essas coisas boas venham à tona e as faça feliz. Você não quer regar as sementes de raiva, do medo e ciúme na pessoa amada. Você só quer regar as sementes de alegria, felicidade e compaixão em si mesmo e nela. Isto é chamado de a prática da aguação seletiva. É uma prática chamada, no budismo, de Diligência Correta (também chamada de Esforço Correto). Esta prática fortalece nossa mente para quando quisermos acolher e examinar nossas formações mentais negativas, sermos capazes de fazer isso com mais clareza e solidez.

11) Concentração

O décimo primeiro exercício é a prática da concentração mental. Meditar significa estar presente e concentrado no objeto da sua meditação. *"Inspirando, eu concentro minha mente. Expirando, eu concentro minha mente."* O objeto da sua meditação pode ser o seu corpo, sua raiva, ou o seu desespero. Pode ser sua felicidade; pode ser o Reino de Deus ou a Terra Pura de Buda. Durante esse tempo, você só tem um objeto, e você concentra sua mente inteiramente naquele único objeto. É como uma lente recebendo os raios de sol. A lente concentrará os raios para que convirjam em um ponto sob a lente. Se você segurar um pedaço de papel naquele local, ele vai pegar fogo. Quando você concentra sua mente em um único ponto, você pode ser capaz de fazer uma importante descoberta referente à natureza do objeto de sua meditação, e você obtém um tipo de clareza mental, um tipo de visão que ajudará você a se libertar. A prática da concentração tem o poder de libertá-lo. Libertação é a abordagem budista da salvação. No budismo é muito claro que o que nos prende, o que não nos permite ser livre, é a raiva, o desejo intenso e a delusão.

12) Libertação

Queremos nos libertar da ânsia, do ódio, da violência e da delusão, porque estas coisas são a causa do nosso sofrimento. *"Inspirando, eu liberto minha mente. Expirando, eu liberto minha mente."* Em termos de salvação, o que queremos é ser salvos da nossa raiva, do nosso medo, da nossa ilusão. A felicidade é possível quando estivermos livres desses elementos.

Com o oitavo exercício da respiração consciente você consegue ficar um pouco aliviado. Com o décimo primeiro e décimo segundo exercícios você pode se libertar totalmente da dor.

13) Impermanência

Os quatro últimos exercícios da respiração atenta nos oferecem algumas práticas de concentração que podem nos ajudar a nos libertarmos do desejo ardente, da raiva, do medo e da delusão, que têm perpetuado o nosso sofrimento.

A tradição budista fala sobre muitas práticas de concentração. Uma concentração amplamente praticada e que é muito benéfica é contemplar a impermanência. Sabemos que todas as coisas são impermanentes; no entanto, prosseguimos em nosso cotidiano como se as coisas fossem permanentes. Contemplar a impermanência pode nos ajudar a nos libertar de muitas aflições, como a raiva e o medo.

Suponha que você esteja com raiva de seu parceiro. Ele simplesmente disse algo que lhe fez sofrer profundamente. Você sofre tanto que deseja revidar para fazê-lo sofrer. Você acredita que se disser alguma coisa que o faça sofrer, você vai sofrer menos. Nós somos suficientemente inteligentes para saber que este é um comportamento infantil, mas muitos de nós, de qualquer modo, ainda fazemos isso. Se você disser algo que o faça sofrer, ele então vai tentar obter alívio dizendo algo de volta que lhe faça sofrer. Ambos estão praticando a escalada da raiva.

Suponha agora que você pratica a concentração na impermanência. *"Inspirando, eu observo a natureza impermanente de todas as coisas. Expirando, eu contemplo a natureza impermanente de todas as coisas."* Você não diz coisa alguma; você apenas fecha os olhos e inspira. Nos três ou quatro segundos de inspiração você visualiza como a outra pessoa, a sua amada, o seu amado, estará daqui a 300 anos. "O que ele(ela) será daqui a 300 anos? No que terei me tornado daqui a 300 anos?" Concentrando-se na impermanência lhe traz imediatamente o discernimento de que ele é impermanente, de que você é impermanente, e é realmente uma tolice fazer o outro sofrer assim no momento presente. Concentrar-se na impermanência trará o discernimento da impermanência, permitindo que você acesse simultaneamente, de uma maneira muito real, a natureza impermanente dele e sua. Inspirando, você pratica concentrando-se na impermanência. Expirando, você já tem o discernimento da impermanência. Quando abrir os olhos você ficará feliz pelo fato de que ele ainda está vivo agora mesmo, e a única coisa que você quer fazer é abrir os braços e abraçá-lo. *"Inspirando, querida, eu sei que você ainda está viva. Expirando, estou tão feliz."*

Não é a ideia ou noção de impermanência, mas o *insight* da impermanência que pode libertá-lo e salvá-lo. Todos nós sabemos intelectualmente que tudo é impermanente. Mas em nossas vidas diárias nós ainda nos comportamos como se as coisas fossem permanentes. Impermanência não é uma nota negativa na canção da vida. Se a impermanência não existisse, a vida seria impossível. Sem a impermanência como sua filhinha poderia crescer e se tornar uma bela e jovem senhora? Sem a impermanência como você poderia esperar transformar o seu sofrimento? Você tem esperança de transformar o seu sofrimento porque sabe que o seu sofrimento é impermanente. Então, a impermanência é uma nota positiva. Devemos dizer: "Que a impermanência tenha vida longa!"

14) Sem desejos ardentes

O décimo quarto exercício é a contemplação na ausência de desejo. *"Inspirando, eu observo o desaparecimento do desejo. Expirando, eu observo o desaparecimento do desejo."* Alguém que não pratica a atenção plena, não compreende que nós já temos condições suficientes para sermos felizes aqui e agora. Por isso, essa pessoa não consegue ser feliz no aqui e agora. Ela fica correndo atrás dos objetos do seu desejo, como fama, riqueza e poder. Quando olhamos em volta, podemos ver gente que tem muitas dessas coisas, mas continua sofrendo profundamente. Quanto poder você precisa para ser feliz? O presidente é supostamente o homem mais poderoso dos Estados Unidos da América, mas acho que ele sente como se não tivesse poder suficiente. Ele quer fazer muitas coisas, mas não tem o poder de fazê-las acontecer. Se você pensa que precisa ter poder ou muito dinheiro para ser feliz, esta visão está equivocada. Há tantas pessoas ricas que não têm dentro delas compreensão e amor suficientes e padecem de solidão profunda.

Quando um pescador quer fisgar um peixe, ele lança uma linha dentro do rio para que os peixes vejam a isca e mordam o anzol que está escondido dentro. Se o peixe não tiver visto o anzol dentro da isca, ele vai morder, ser fisgado e morrer. Temos que inspirar e examinar profundamente o objeto de nosso desejo e ver os muitos perigos escondidos dentro dele. Ao correr atrás daquele determinado objeto de desejo você pode destruir seu corpo e sua mente. Vemos muitas pessoas se destruindo ao perseguirem seus objetos de desejo. Ao mesmo tempo, outras pessoas compreendem que a verdadeira felicidade é feita de compreensão e amor. Quanto mais elas cultivam compreensão e amor, tanto mais felizes elas se tornam. É desse modo que a contemplação na ausência de desejo lhe protege e lhe ajuda a se libertar do seu desejo ardente.

15) Nirvana

O décimo quinto exercício é a contemplação do nirvana. *"Inspirando, eu contemplo nirvana. Expirando, eu contemplo nirvana."* Nirvana é a nossa verdadeira natureza que não nasce e não morre, que não existe e não inexiste. Nirvana é o discernimento; é a liberdade de todos os tipos de noções. É possível estar em contato com a nossa natureza do nirvana durante esta vida mesmo, aqui e agora mesmo. O que os budistas denominam "nirvana" é equivalente ao termo "Deus" no cristianismo, judaísmo ou islamismo. Há uma escritura sagrada budista intitulada "O gozo daquilo que está além do tempo e espaço", que se refere ao nirvana em termos muito lindos e positivos. Há um verso: "Cervídeos se refugiam nas florestas. [Há muito espaço lá para eles correrem e se divertirem.] Os pássaros, nas nuvens do céu... Aqueles que praticam a verdade dependem do nirvana para viver em liberdade". Nirvana está disponível no aqui e agora.

Muitos amigos nossos da tradição cristã usam a bela frase "repousar em Deus". Permitir-se descansar em Deus é como uma onda repousando em sua natureza essencial, a água. Imagine uma onda subindo e descendo na superfície do oceano. Observando a onda, podemos ver que ela tem um começo e um fim; ela sobe e desce. As noções de iniciar, terminar, subir e descer podem assustar a onda e ela pode pensar: "Antes de subir enquanto esta onda eu não existia, e logo me tornarei nada de novo". É como se, antes da elevação, a onda não existisse, e depois de descer ela passasse a não mais existir. Como uma onda poderia ser feliz se ela estiver aprisionada nestas noções de nascimento e morte, início e fim, subir e descer? Mas há uma saída, uma oportunidade para ela ser salva. Quando ela se empenha em examinar a si mesma, ela descobre que é água. Ela é uma onda, mas ela também é água. Enquanto onda, ela pode ser descrita em termos de nascimento e morte, subir e descer, ser e não ser, ir e vir. Mas a água não pode ser descrita nesses termos. No momento em que a onda percebe que é água, ela se liberta de noções como nascimento e morte, subir e descer. A onda é água precisamente no aqui e agora.

Tal como a onda, que não precisa sair em busca de água, nós não precisamos sair por aí buscando nirvana ou Deus. Podemos desfrutar o nirvana aqui e agora mesmo. Tal como a onda pode descansar na água, podemos descansar em Deus no aqui e no agora. Com plena consciência e concentração somos capazes de acessar a nossa verdadeira natureza que não nasce e não morre, não existe e não inexiste.

Sabemos que uma nuvem não morre nunca; ela só pode se transformar em neve, chuva ou gelo. A nuvem nunca pode se transformar em nada. A verdadeira natureza que não nasce e não morre existe em tudo, inclusive dentro de nós mesmos. A nuvem pode olhar para a chuva e sorrir, e se libertar do medo. Ser uma nuvem flutuando no céu é uma coisa maravilhosa, e tornar-se a chuva caindo sobre a Terra e nutrindo tudo é também uma coisa maravilhosa. Tornar-se um rio, tornar-se uma xícara de chá para as pessoas beberem também é maravilhoso. Tornar-se vapor d'água e tornar-se mais uma vez uma nuvem também é uma coisa maravilhosa. Nossa verdadeira natureza é uma natureza que não nasce e não morre. Sabemos que esta visão corresponde ao que a ciência descobriu, que "nada nasce, nada morre; tudo está em transformação". Esta é a primeira lei da termodinâmica.

16) Deixar pra lá

O último exercício de respiração consciente é a prática de abrir mão de noções, deixar pra lá. Noções de nascimento e morte, ser e não ser são a base do nosso medo e ansiedade. Ao abrir mão dessas noções você se liberta, e pode acessar sua verdadeira natureza e entrar em contato com Deus.

Para compreender o ensinamento de Buda ou de Jesus, você tem que remover sua maneira dualística de pensar. Muitos de nós distorcem os ensinamentos de mestres como Buda e Jesus. Se nós estivermos aprisionados em pensamento dualista, quando observamos um pai e filho, nós os vemos como duas pessoas completamente diferentes. Mas quando examinamos profundamente a pessoa do filho, vemos o pai em todas as células do filho. Mesmo se ficar com raiva do seu pai, mesmo se não quiser jamais ter algo a ver com ele, você não consegue remover seu pai de você. Seu pai está presente em cada célula do seu corpo.

5
Reconectando-se ao corpo

A maioria de nós anda por aí com o corpo cheio de dores e tensões. Podemos pensar nisso como algo normal ou natural, ou como parte do envelhecimento, mas é possível andar em liberdade, sem tensão, se conseguirmos curar a cisão corpo-mente. Mesmo que tenhamos algum tipo de doença que nos causa desconforto físico, não precisamos ter tensão em torno dessa dor, agravando-a. Não precisamos causar mais sofrimento.

Como podemos proporcionar alívio e cura ao nosso corpo? Podemos pensar que somente um médico doutor pode examinar o nosso corpo, saber o que está acontecendo nele e nos curar. Colocamos toda a nossa fé em outra pessoa. É semelhante ao relacionamento que alguns de nós têm com a religião. Nós colocamos nossa crença inteiramente em uma divindade que acreditamos que pode nos salvar. Mas, na realidade, a base da cura é estar em contato com nós mesmos, com os nossos próprios corpos.

"Inspirando, estou ciente de que tenho um corpo."
"Expirando, eu reconheço que meu corpo existe."

Nesta inspiração e expiração nós encontramos uma maneira de permanecer em contato com o nosso corpo.

A doença vem da desconexão corpo-mente

Você poderia calcular durante quanto tempo, das 24 horas do dia, o seu corpo e sua mente estão em harmonia? Muito raramente sua mente fica com o seu corpo. Ela tem a tendência de se desviar dele.

Quanto tempo cada um de nós passa diante do computador? Há pessoas que passam mais de 12 horas no computador todos os dias. Nesse tempo, elas esquecem completamente que têm um corpo. Há outras coisas, não só o computador, o telefone e também a televisão, que nos fazem esquecer do nosso corpo. Dispomos de muitas distrações que impedem nossa mente de estar em contato com nosso corpo. Nós realmente nos esquecemos de que temos um corpo! Como poderíamos não adoecer? É inevitável.

Se não conseguimos nos conectar com nosso corpo, não podemos estar realmente em contato com nossa mente. Corpo e mente são dois lados da mesma moeda; você não consegue separá-los. Nossa mente fica divagando lá fora, e nós realmente não sabemos o que está acontecendo com ela. Não sabemos como acolher nossa preocupação, tristeza e raiva, por isso encobrimos nossa alienação com o consumo: lendo revistas, ouvindo música, assistindo vídeos, bebendo vinho, tomando drogas, ou comendo quando não estamos com fome. Nós comemos para esquecer. Quando comemos, pensamos que podemos esquecer o nosso sofrimento, a nossa tristeza, a nossa preocupação, e comemos excessivamente. Os seres humanos estão doentes hoje porque eles não sabem estar em contato com seus corpos e não conseguem se conectar com suas mentes. Então como é possível estar em contato com a fonte da saúde, a Mãe Terra? Se você consegue conectar-se com seu corpo, você tem a oportunidade de estar em contato com a Mãe Terra, a sua origem.

Acolhendo nosso sofrimento

Todos têm a semente do sofrimento dentro de si. Às vezes ela está adormecida nas profundezas da nossa consciência e às vezes se manifesta como uma energia muito perceptível. Quando o sofrimento se manifesta, é difícil sentir alegria ou felicidade. As práticas de respirar, andar e sentar com atenção plena podem nos ajudar a lidar com o sofrimento interno. Nosso próprio sofrimento não é somente nosso. Ele carrega dentro de si o sofrimento do nosso pai, da nossa mãe, e de muitos ancestrais que o transmitiram para nós.

Nosso sofrimento também reflete o sofrimento do nosso povo, do nosso país, da nossa sociedade e do nosso mundo. Só quando compreendemos a natureza e as raízes do nosso sofrimento, a compaixão e o amor podem surgir. Nós retornamos para dentro de nós, entramos em contato com o sofrimento interno e, com ternura, o mantemos sob controle. Esta é a nossa prática. Podemos fazer o mesmo com o nosso medo. Ao praticarmos respirando conscientemente, geramos a energia da consciência plena e da concentração. É com estas energias que podemos admitir e acolher nosso sofrimento. Se não tivermos a energia da consciência plena, podemos ficar totalmente dominados pelo sofrimento. Mas, se inspirarmos e expirarmos e deixarmos que o nosso corpo relaxe, podemos gerar a energia da consciência plena e da concentração, e com essas energias podemos acolher e cuidar do nosso sofrimento. "Meu querido sofrimento, eu sei que você está aí dentro de mim. Estou aqui para cuidar de você." Você apenas aceita o seu sofrimento e carinhosamente o mantém sob controle.

O sofrimento e a felicidade *inter-são*

Tem pessoas que desejam encontrar um lugar onde não haja sofrimento, como o céu, a Terra Pura de Buda ou o Reino de Deus. Podemos pensar que "lá em cima" não há sofrimento – que lá só há felicidade. Mas quando contemplamos profundamente, vemos que o sofrimento e a felicidade inter-são, tal como a lama e o lótus interpenetram um no outro. Um lótus só consegue crescer na lama. Se não houvesse lama, a flor de lótus não existiria. Há uma ligação muito estreita entre o sofrimento e a felicidade. A verdadeira felicidade é possível quando temos a visão correta do sofrimento e da felicidade. É o mesmo que frente e atrás, direita e esquerda. O direito não pode existir sem o esquerdo; o esquerdo não pode existir sem o direito.

A felicidade é composta de elementos que não são felicidade, tal como a flor é feita de elementos que não são flor. Quando você olha para a flor, você vê elementos que não são flor, como a luz solar, a chuva, a terra – todos os elementos que se reuniram para ajudar a flor a se manifestar. Se tivéssemos que remover qualquer um desses elementos que não são flor, a flor deixaria de existir. A felicidade é um tipo de flor. Se você examinar profundamente a felicidade, você vê elementos de não felicidade, inclusive o sofrimento. O sofrimento desempenha um papel muito importante na felicidade. Quando olhamos para uma flor de lótus, vemos a lama nela. Esta é a visão correta de felicidade. Até mesmo os budistas fiéis, muitas vezes, não percebem que o primeiro ensinamento que Buda deu sobre o sofrimento também era sobre a felicidade.

Quando vivemos conscientemente, tentamos viver de uma forma tal que consigamos gerar a energia da consciência plena, da concentração e discernimento. Estas são as energias que nos trazem felicidade e a clareza que chamamos de "visão correta". Quando temos a compreensão correta, somos capazes de praticar o pensamento correto. O pensamento correto está fundamentado na compreensão correta, que significa pensar sem discriminação e sem dualismo. Há uma conexão muito profunda entre sofrimento e felicidade. Nós vimos como uma flor é feita somente de elementos que não são flor. Ela é feita de solo, sol, chuva. Uma flor de lótus precisa estar enraizada na lama. E a felicidade não pode existir na ausência de sofrimento. Se adotarmos a ideia de que há um lugar onde o sofrimento não existe, onde só há felicidade, essa ideia é incorreta. Este pensamento é incorreto porque não está baseado na visão correta. De acordo com a visão correta, não pode haver felicidade sem sofrimento. Nosso pensamento pode nos fazer sofrer. Mas o nosso pensamento também pode nos tornar livres. Nós precisamos do pensamento correto, que nos ajuda a interromper o nosso sofrimento, para que possamos começar a ser mais felizes.

Quando há um grupo de pessoas vivendo no mesmo ambiente, umas pessoas podem estar felizes e outras infelizes. Há aqueles entre nós que sabem apreciar a presença do sol, que conseguem estabelecer contato com as árvores, a névoa, e todas as maravilhas da vida ao nosso redor e dentro de nós. Mas existem algumas pessoas que não têm a capacidade de se relacionar com essas coisas maravilhosas. Elas só enxergam sofrimento. As condições de vida delas são exatamente as mesmas daquelas pessoas que estão felizes, então por que algumas pessoas são felizes e outras infelizes? A resposta é que a pessoa feliz adota uma visão correta. A outra pessoa está sofrendo porque não tem visão correta, e, por conseguinte, o pensamento dela não é um pensamento correto. Sofrer é algo relativo. O que faz uma pessoa sofrer pode não causar sofrimento a uma outra.

Cultivando consciência plena e concentração

Na meditação do corpo inteiro nós praticamos consciência plena e concentração. Ter consciência plena é sempre ter consciência plena de algo. Concentração é sempre a concentração em algo. Cultivamos a concentração quando praticamos a atenção plena no cotidiano. Quando você realmente olha para uma flor, você traz toda sua atenção para aquela flor; isso é consciência plena. A flor aparece como algo real. *"Inspirando, vejo que a flor existe; é uma maravilha da vida."* O estado de consciência plena nos ajuda a reconhecer o que existe dentro de nós e à nossa volta.

Totalmente presente no corpo

Com as práticas de respirar e andar com atenção plena, nós trazemos nossa mente de volta ao nosso corpo. Quando corpo e mente estão juntos, podemos nos estabelecer no aqui e agora e entrar em contato com a vida e todas as suas maravilhas. Então pode ser que queiramos dizer para nós mesmos: *"Inspirando, estou ciente de que o meu corpo está aqui"*. Inspirar, retornar ao corpo, e estar em contato com o corpo – isso já é consciência plena: a consciência de que o meu corpo está aqui e é uma maravilha.

Nossos sentimentos, emoções e percepções muitas vezes nos dão a sensação de estarem oprimindo nosso corpo e mente. A consciência plena nos ajuda a estabelecer um contato com todas essas coisas que estão acontecendo. Corpo, sentimentos e percepções são objetos da nossa atenção. Há muitas coisas belas em nós e à nossa volta. Todas as manhãs, ao acordarmos, podemos respirar e entrar em contato com o milagre que é a vida. Há coisas que são maravilhosas, que podem nos nutrir e curar. A consciência plena nos coloca em contato com todas essas coisas para a nossa própria cura e felicidade. Alegria é a primeira função da consciência plena. O estado de consciência plena nos traz alegria e felicidade.

6
Gerando consciência plena, concentração e compreensão

A verdadeira vida só é possível com consciência plena e concentração. Se você estiver em estado de dispersão, está perdido. O pensamento que temos neste tipo de estado é muito raramente benéfico. Pensar pode ser produtivo e bom. Mas a maior parte do nosso pensamento é improdutivo. Nossos pensamentos nos arrastam para longe do aqui e agora. É somente no aqui e agora que podemos ter um encontro com a vida real, que podemos estar conectados ao nosso corpo e às outras maravilhas da vida disponíveis no aqui e no agora. Então, nós pensamos e nos perdemos em pensamentos, e não estamos realmente presentes para a vida. É muito importante aprender a interromper todo este fluxo de pensamento. Isso não significa que o pensamento é inerentemente mau, pois, na verdade, pensar pode ser bom. Acontece que grande parte do nosso pensamento faz com que a tristeza, o medo e a raiva surjam. Precisamos aprender a parar de pensar e começar a sentir: sentir a presença do nosso corpo, sentir a presença das maravilhas da vida que estão disponíveis no aqui e no agora. Se você for capaz de sentir a presença deles, pode conseguir a nutrição e cura de que necessita – vindos da luz solar, do ar fresco, das belas árvores, dos seus pulmões, da sua inspiração e expiração.

Durante o tempo em que estiver inspirando, você se torna consciente, mais uma vez, de que tem um corpo. Há uma espécie de reencontro feliz da mente com o corpo. Pode demorar apenas alguns segundos para você voltar para casa e se tornar ancorado no aqui e no agora, para que possa realmente viver sua vida. Temos de viver no aqui e agora para estarmos vivos. O passado não está mais conosco e o futuro ainda não chegou; somente no momento presente as maravilhas da vida estão disponíveis. O segredo da meditação é trazer a mente de volta para a casa do corpo e estar no aqui e agora. É muito simples. Parar de pensar vai lhe ajudar muito.

Atenção, concentração e compreensão

Quando você estiver praticando a atenção plena do seu corpo, *"Inspirando, eu sei que meu corpo existe. Expirando, eu sei que meu corpo existe"*, o seu corpo se torna o único objeto da sua consciência. Quando a atenção plena é forte e está focada desse jeito, nasce a concentração. O objeto de sua concentração também é o seu corpo. Quando a atenção plena e concentração são suficientemente fortes, você consegue avançar em direção à realidade, ter um lampejo, uma realização e descobrir coisas. Atenção plena, ou **smrti** em sânscrito, é a primeira energia. A atenção faz surgir a concentração, **samadhi**, a segunda energia, e, juntas, atenção plena e concentração trazem a compreensão direta, **prajña**.

Meditar significa gerar esses três tipos de energia. Você não tem que pedir que elas venham até você a partir de fora. Todo mundo tem as sementes da atenção plena, concentração e compreensão dentro de si. Com as práticas de respirar, andar e sentar atentamente, nós ajudamos estas sementes a se manifestarem enquanto energias. Estes são os três tipos de energia que fazem com que um ser seja iluminado. Estas energias fazem com que você acorde, unifique totalmente o seu corpo e mente, e elas lhe põem em contato com todas as maravilhas da vida. Você para de correr e de tentar buscar a felicidade noutro lugar. Você vê que a felicidade é possível no aqui e agora.

A alegria e felicidade são possíveis imediatamente quando a atenção plena e concentração são suficientemente fortes. Você redescobre que o seu corpo existe; que todas as maravilhas da vida existem; que tantas condições de felicidade já estão disponíveis. Isso já é compreensão direta. Esta compreensão pode lhe ajudar a se libertar das suas preocupações, do seu medo, anseio e busca. Esse tipo de compreensão lhe ajuda a reconhecer, que existem condições mais do que suficientes para você ser feliz aqui e agora mesmo. A compreensão traz liberdade, alegria e felicidade.

Quando você está totalmente consciente do que é real, e consegue manter viva essa consciência e concentração, surge a compreensão. Quando você está consciente da presença de uma flor, e sustenta essa consciência, isso é concentração. A concentração nasce da atenção plena; a energia da atenção é portadora da concentração. Se você pratica profundamente a atenção, a concentração existe, e com esta concentração você é capaz de olhar profundamente para o que está acontecendo e você vai penetrar a realidade.

Santificação é atenção plena, concentração e compreensão

Estas três energias podem ser geradas com as práticas de respirar, andar, sentar com total atenção, e também em todas as outras atividades diárias suas. Quando você está habitado por essas três energias salutares, há santidade em você.

Nós falamos em santidade, mas muitas vezes não sabemos exatamente o que é isso. Para mim, está muito claro que a santidade é feita de atenção plena, concentração e compreensão. Quando você está habitado por essas três energias, você é um buda, uma pessoa iluminada. No cristianismo falamos sobre o Espírito Santo. O Espírito Santo pode ser interpretado como a qualidade da presença que existe quando temos atenção plena, concentração e compreensão. Onde quer que essas três energias estejam, a vida existe, a cura existe, a nutrição e a felicidade existem. Então é possível gerar a energia da santidade. Quando estas energias de santidade estão em você, você não sofre mais; você está livre. Posso chamá-lo ou chamá-la de "Sua Santidade".

Todo mundo pode ser santo se souber gerar a energia da atenção, concentração e compreensão. Não é muito difícil.

Quando eu sirvo o chá, gosto de servi-lo com a consciência atenta. Quando eu sirvo o chá conscientemente, minha mente não está no passado, no futuro, ou em meus projetos. Minha mente está focada em servir o chá. Estou totalmente concentrado no ato de entornar o chá. O chá sendo servido torna-se o único objeto da minha atenção e concentração. Isto é um prazer e também pode trazer muitos lampejos de compreensão. Eu posso ver que há uma nuvem no chá. Ontem era uma nuvem. Mas hoje é o meu chá. Compreensão não é algo muito distante. Com atenção e concentração você pode começar a ter a compreensão que pode lhe libertar e lhe proporcionar felicidade.

Há consciência plena nos atos de respirar, de entornar o chá, de beber o chá, de andar, escovar os dentes e assim por diante. Quando você respira conscientemente, você concentra sua atenção somente em uma coisa, na sua inspiração e expiração que estão acontecendo. Você está concentrado em sua respiração. Quando você está realmente concentrado na sua respiração, um lampejo de compreensão pode surgir imediatamente. Você pode compreender que você está totalmente vivo, e estar totalmente vivo desse jeito é um milagre.

A compreensão não é algo distante

Compreensão é iluminação, despertar. Você está iluminado do fato de que você está vivo. Você acorda mais uma vez para a realidade milagrosa de que você existe, ainda está vivo. Há muitos lampejos de compreensão que podem acontecer quando você respira conscientemente. Você inspira e percebe que suas pernas ainda estão suficientemente fortes para caminhar, pular e correr. Tem gente que não consegue mais andar. Quando pratico caminhando, fico muito feliz e grato por ainda poder andar. Muitos amigos meus da minha geração já não podem mais andar. Mas eu ainda sou capaz de usar os meus pés e andar com os meus amigos. O simples ato de andar já pode trazer muita felicidade.

Graças a atenção plena, concentração e compreensão, cada passo pode gerar energia de alegria e felicidade. Isso é meditação. Trazer sua mente para a casa do seu corpo, estabelecer-se no momento presente e tocar as maravilhas da vida faz com que a alegria, a felicidade e a liberdade sejam possíveis no aqui e no agora. Qualquer um pode fazer isso.

Todo mundo pode servir o chá conscientemente. Todo mundo pode beber o chá conscientemente. Em vez de nos permitirmos ficar pensando no passado ou no futuro, nós apenas focamos nossa atenção plena em beber o chá. Estamos totalmente presentes no aqui e agora. A única coisa com a qual entramos em contato é o chá. Se eu estiver consciente do meu corpo e estabelecido no aqui e no agora, eu me torno muito mais real. Quando eu sou real, a vida também é real. A xícara de chá que eu estou sustentando em minhas mãos é real. Porque sou real, o chá se torna real. O encontro entre o chá e eu é real; essa é a vida real. Se você estiver possuído pelo medo, raiva ou pensamento ruminante, você não está realmente presente e o seu chá não está realmente presente. Isso não é vida verdadeira.

Gerar a energia da consciência atenta é a prática fundamental

A energia da consciência atenta torna as coisas vivas e reais. As práticas de andar sentar e respirar com atenção plena ajudam a gerar a energia da consciência atenta e estas são práticas básicas. Você pode tomar banho com a consciência atenta e desfrutar o tempo inteiro do banho. Enquanto prepara o seu café da manhã, se você permitir que a consciência esteja presente em cada momento, você pode se deleitar ao preparar o café da manhã e este pode ser um momento de felicidade genuína. Cada momento em que o café está sendo preparado pode ser um deleite.

Quando estiver lavando os pratos, você pode lavá-los da mesma forma: respirando, sentindo sua vivacidade, em pé diante da pia e reconhecendo que a água está fluindo. A água veio de muito longe até sua cozinha. Entrar em contato com a água e lavar cada prato reverenciando-o com a consciência atenta pode ser uma alegria. Você não precisa se apressar para terminar de lavar a louça. Você pode deleitar-se lavando os seus pratos. Lavar pratos, desta forma é tão profundo e sagrado quanto meditar, seja sentado ou andando.

Quando for ao banheiro, você pode optar por urinar conscientemente. Você pode passar o tempo deleitando-se enquanto urina. Por que apressar-se? Esse tempo nos foi dado para vivermos. Pode ser um momento muito agradável. A felicidade e liberdade são possíveis durante o tempo em que você urina. Você não quer urinar com pressa para poder sair e fazer outras coisas. É por isso que nos centros de meditação colocamos um vaso de flor no banheiro, para nos lembrar que o banheiro também é uma sala de meditação. Aproveite o momento em que toma seu banho. Aproveite o tempo em que você prepara seu café da manhã. Aproveite o tempo em que você urina ou defeca. Pode ser muito agradável.

Quando você escova os dentes, escove de uma forma que a liberdade e alegria sejam possíveis. Você passa dois ou três minutos escovando os dentes. Torne-os momentos felizes da vida. Se você conseguir ser feliz durante o tempo em que escova os dentes, depois, ao abotoar seu casaco também pode ser uma alegria. Cada momento da sua vida diária pode ser um momento feliz se você souber deixar a plena atenção e concentração estarem presentes. Com a atenção plena e concentração, podemos desfrutar de cada momento que nos foi dado para viver. Essa é a arte da vida.

Liberdade do passado e futuro

Precisamos de liberdade. Mas liberdade de quê? Precisamos estar livres da nossa tristeza e arrependimento que dizem respeito ao passado. O passado pode ter se tornado uma prisão da qual não conseguimos escapar. A consciência atenta nos ajuda a sair da prisão do passado e a viver no momento presente, aqui e agora.

O futuro também pode ser uma prisão. Muitos de nós estamos temerosos, incertos e ansiosos acerca do futuro. O futuro tornou-se uma prisão para nós. Temos que sair dessa prisão. Inspirar, trazer a mente para a casa do corpo e regressar ao momento presente já é libertação. Os três tipos de energias de atenção plena, concentração e compreensão são agentes libertadores, que podem nos ajudar a ser livres. A verdadeira felicidade não é possível sem liberdade.

Nós temos que adotar o hábito de ser livres. Quando nos sentamos, sentamos como uma pessoa livre – leve, feliz, desfrutando nosso corpo e o tempo em que estamos sentados. Quando andamos, andamos como uma pessoa livre. Não permitimos que o passado, o futuro, os nossos projetos, ou nosso medo se apossem de nós. Nós estamos livres. Nós apreciamos cada passo. Cada passo representa a liberdade. Cada passo é nutridor. Em cada passo a cura acontece. Em cada passo vive a alegria. Podemos tomar emprestado da energia coletiva do grupo que está andando conscientemente conosco. Nós fluímos como um rio. Andar desse jeito é uma celebração de vida. Cada passo é uma celebração. Nós chegamos no aqui e no agora. Nós chegamos ao Reino de Deus, à Terra Pura de Buda em cada passo.

Você é um sino de atenção plena

Quando eu o vejo estabelecido no momento presente, andando à vontade, atento e alegre, eu sei que você está no Reino de Deus, na Terra Pura de Buda, e fico inspirado a andar como você anda. Eu inspiro e fico consciente da minha inspiração. Dou um passo e fico consciente de que estou vivo. Eu entro em contato com a bela bodisatva, a poderosa Terra, e também chego à Terra Pura de Buda, ao Reino de Deus.

Sua prática, portanto, ajuda muito. Você simplesmente caminha conscientemente e respira conscientemente, e todos nós nos beneficiamos de sua prática. Você é um sino de atenção plena. Você nos lembra de retornarmos à casa do aqui e agora e a nos tornarmos vivos novamente. Pode ser que você pense que não está fazendo coisa alguma para nós, mas isso não é verdade. Você está andando conscientemente, curtindo cada passo, e está gerando energias de alegria e de felicidade dentro de si. Você está nos ajudando. Precisamos de pessoas como você, pessoas felizes, pessoas livres, pessoas alegres. Quando vemos você andando desse jeito, queremos andar como você anda.

A energia da prática coletiva

Quando praticamos juntos em grupo, geramos uma energia coletiva de paz e consciência, que pode nos ajudar a curar e nutrir nós mesmos e os nossos filhos. Praticando juntos, temos a oportunidade de produzir a poderosa energia coletiva da atenção, compaixão, concentração, compreensão e alegria que podem ajudar na transformação do mundo. Nós não precisamos de mais dinheiro, fama ou riqueza para ser feliz. Apenas gerando esses três tipos de energia podemos criar liberdade e felicidade para nós e para muitas pessoas à nossa volta. Temos uma oportunidade de estar juntos. Ao andarmos de um lado para o outro, por que não apreciamos cada passo? Estamos aqui para isso. Desfrute cada passo. Dê a si mesmo o prazer, a alegria e a liberdade de cada passo.

Pare de correr: a felicidade é possível aqui e agora

Nós temos o hábito do corre-corre. Estivemos vivendo no corre-corre por muito tempo. Nós agora temos que reconhecer este hábito, parar a correria, e começar a aprender a viver a vida de uma maneira adequada e profunda. Nós podemos receber apoio dos nossos irmãos e irmãs de prática. É por isso que nos reunimos. Depois de uma semana pode ser que tenhamos adquirido novos hábitos de caminhar com alegria, respirar com alegria, sentar-se feliz, comer feliz, escovar os dentes feliz. Para que assim possamos aprender a viver conscientemente e ser felizes em todos os momentos, sabendo que em cada momento há um bom hábito a ser desenvolvido. Nós não precisamos esperar até amanhã ou até um momento futuro para ser felizes. O que estamos esperando? Por que estamos esperando para começar a comemorar? Podemos celebrar agora. Cada passo é uma celebração de vida, graças à atenção plena, concentração e compreensão.

Gerando alegria

"Inspirando, eu produzo uma agradável sensação, um sentimento de alegria." Isso não é mera imaginação ou criação fantasiosa de fatos que desejaria que fossem reais. É possível gerar esses sentimentos com atenção plena. Ao

respirar conscientemente pode ser que você tenha um lampejo das tantas condições de felicidade disponíveis neste instante. Os seus pés estão fortes, seus olhos ainda estão em bom estado, seus ouvidos podem ouvir todos os tipos de sons, e você pode deleitar-se com uma caminhada. A meditação andando torna-se um prazer, um deleite. Quando você toca as condições de felicidade com atenção, a alegria nasce naturalmente – a alegria de estar vivo, a alegria de ter oportunidades para praticar, curar, nutrir, soltar tensões e a alegria de praticar com os outros. Devemos ser capazes de gerar um sentimento de alegria sempre que quisermos, a qualquer hora do dia, somente usando a consciência atenta e reconhecendo que temos mais sorte do que muita gente. Há pessoas aprisionadas em situações de guerra, opressão política, e prisão. Há pessoas sofrendo devido às graves injustiças sociais. Mas neste instante nós estamos aqui em um ambiente suficientemente livre. Nós temos ar puro, temos um lugar para caminhar, um lugar para sentar, temos algo para comer, não temos que andar dez milhas para buscar água para beber. Há muitas condições de felicidade disponíveis. Nós as ignoramos. Nós não as valorizamos. Não as apreciamos. A consciência atenta nos ajuda a reconhecê-las e a apreciá-las. Com esse tipo de atenção, com esse tipo de consciência atenta, nós podemos produzir alegria; e com esse tipo de alegria consciente podemos ajudar os outros a despertarem e compreenderem que eles também são sortudos. *"Querido, você não vê que somos muito sortudos?"* É possível gerar um sentimento de alegria a qualquer momento.

Produzindo felicidade

Em minha tradição, nós compreendemos que há uma pequena diferença entre alegria e felicidade. Quando experimentamos alegria, há alguma agitação envolvida. Mas, ao saborearmos a felicidade, nos sentimos mais calmos, e mais contentes. Quando você está com muita sede e não tem o que beber, você sofre. Então, se de repente você ouvir alguém dizer: "Alguém está trazendo uma garrafa de água para você", só de ouvir isso, você já fica alegre antecipadamente, mesmo sem estar bebendo a água. Mas quando você está realmente bebendo a água, você experimenta a felicidade.

Com a prática, podemos sempre produzir um sentimento de alegria ou de felicidade a qualquer momento. Um aspecto da meditação é desenvolver a capacidade de gerarmos as energias de alegria e felicidade para nosso sustento. Nós não precisamos de mais dinheiro, poder ou fama para estar mais feliz com a vida. Há muitas pessoas que têm essas coisas em abundância, mas não estão realmente felizes. Quando temos liberdade, discernimento, atenção plena, concentração, podemos ser felizes aqui e agora. Simplesmente por estarmos sentando, respirando, tomando um banho de chuveiro, escovando os dentes, andando – fazendo essas coisas com consciente apreciação já pode ser uma grande felicidade. Praticar bem, em parte, é saber como produzir alegria e felicidade e mantê-las vivas o tanto quanto desejarmos.

Praticar com os outros

É mais fácil quando podemos praticar com amigos trilhando o mesmo caminho que nós. Podemos criar um corpo coletivo quando praticamos juntos a meditação do corpo inteiro. Quando ouvimos o som do sino da meditação, por exemplo, sabemos que todos estão respirando, retornando para dentro de si, e criando a energia da consciência atenta. A energia coletiva da consciência atenta é muito poderosa, muito efetiva e transformadora. Podemos nos beneficiar desta energia e usá-la para ajudar a acolher nossa dor e sofrimento. No Vietnã há um ditado que diz: "Quando você come arroz, você precisa de ter sopa". Quando pratica, você tem que ter amigos.

7
Firme na tempestade
As emoções arrebatadoras e a conexão corpo-mente

Quando você está com um sentimento desagradável, um sentimento de tristeza, medo, preocupação, ou desespero, pode ser que você pense que não tem capacidade de voltar-se para dentro de si para entrar em contato com aquela emoção, administrá-la e acolhê-la. Você quer fugir da emoção – e você tem muitas maneiras de fugir, como revistas, livros, música, comida, a internet, ou planejando ativamente – assim você não vai estar em contato com o seu corpo e a sua mente. A mente e o corpo estão alienados um do outro, e isso nos faz mal.

Quando alguma catástrofe acontece, quando você tem uma sensação de dor no corpo, quando algo não está indo bem, quando você tem uma emoção forte, a consciência atenta vai lhe ajudar a estar ciente disso, e você será capaz de fazer algo para aliviar e acalmar essa dor. A consciência atenta lhe coloca em contato com coisas positivas, e também pode lhe ajudar a estar presente e ser habilidoso com as coisas desagradáveis.

Lidando com a raiva

Pode ser que você tenha raiva. A raiva pode prejudicar a sua mente e seu corpo. Mas se você conseguir respirar conscientemente, retornar ao momento presente, e entrar em contato com o seu corpo e sentimentos e acolhê-los, já há algum alívio. *"Inspirando, eu sei que a raiva está em mim. Expirando, eu acolho minha raiva."* Já há uma diferença. Se não praticarmos a atenção plena e o acolhimento, então só existe raiva, aquela única energia, em nós. Se a deixarmos fazendo o que bem quiser, essa energia pode nos impelir a dizer e fazer coisas que causarão danos.

Então quando a raiva surgir você pratica. Você pratica a respiração consciente, e gera a energia de consciência plena. *"Inspirando, eu sei que há raiva em mim. Expirando, eu acolho a raiva em mim."* Existe a energia da raiva, mas há também a energia da atenção plena sendo produzida, que está reconhecendo a raiva.

A energia da consciência plena acolhe e acalma a raiva: *"Minha raivazinha, eu estou aqui para você, eu vou cuidar bem de você"*. A consciência plena lhe ajudará a administrar o sofrimento. O essencial é acender sua consciência atenta e ter essa segunda energia que pode reconhecer o sofrimento ou a raiva e com paciência e ternura acolher essa dor. Então duas energias estarão operando: a energia do sofrimento e a atenção plena que admite e acolhe esse sofrimento. Se praticar, desta forma você vai ficar aliviado muito rapidamente. Esta é a segunda função da consciência atenta. Em primeiro lugar, podemos nos nutrir e nos curar com coisas positivas. Em segundo, podemos acolher e aliviar o nosso sofrimento.

Inquietação

A paz, a calma e harmonia, que você produz ao respirar, vão penetrar o seu corpo e mente. Mesmo se você estiver se sentindo impaciente, a energia da respiração consciente vai encontrar sua energia de inquietação, e imediatamente você verá uma mudança enquanto a energia da inquietação vai se esvaindo e se transformando de forma constante. Quem tiver o hábito de fazer esta prática pode, em apenas uma ou duas respirações, transformar totalmente a inquietação e se sentir tranquilo. Tudo o que você aprender, qualquer lampejo de compreensão que você tiver proveniente da prática deve ser aplicado imediatamente em sua vida diária. Dessa maneira você desenvolve uma certeza e descobre que confia na sua prática.

Quando a mente está agitada ou raivosa, deixe-a ser envolvida com a energia da consciência plena. Não tente mudar sua inquietação. Não tente afastá-la ou suprimi-la. Apenas permita-a ser. Continue a respirar e a gerar a energia da consciência atenta. Reconheça o sentimento de inquietação ou raiva e os acolha com ternura. À medida que os dois tipos de energia, a energia da agitação e a energia da atenção consciente, se encontram uma com a outra, haverá uma mudança, e a transformação acontecerá. Na energia da atenção plena há paz e concentração. Só o simples fato de estar consciente de estar inquieto ou irritado já trará alguma mudança. No início pode ser 5 ou 10%. Na medida em que você continua a seguir sua respiração, haverá uma mudança total, e uma amorosa bondade, que é o oposto da raiva, surgirá.

Refugiando-se em consumismo

Se não tivermos uma forma de conectar corpo e mente, podemos tentar dissociá-los ainda mais, para anestesiar nosso sofrimento. Tentamos fugir do nosso sofrimento através do consumismo, talvez navegando na web, ouvindo música, comendo ou puxando conversa.

Quando você está triste, irritado, ou solitário, e não sabe como cuidar da sua tristeza, solidão, raiva, pode ser que você vá abrir a geladeira e tirar algo para comer, mesmo que não esteja com fome e não precise de comida. Você come para esquecer o seu sofrimento, porque não sabe como administrá-lo. Podemos tentar encobrir o nosso sofrimento lendo jornais, revistas ou livros, assistindo televisão, e assim por diante. Nós estamos fugindo do nosso sofrimento. É isso o que temos a tendência de fazer. Não temos a coragem de retornar para dentro de nós e cuidar do nosso sofrimento.

Na prática da atenção plena nós fazemos o oposto. Praticamos andando conscientemente, e respirando conscientemente para gerar a energia da atenção e concentração.

Com esse tipo de energia voltamos para casa para cuidar do nosso medo, e dizemos: *"Meu querido sofrimento, meus queridos desespero e raiva, eu sei que vocês estão aí. Eu estou em casa, estou aqui para cuidar de vocês".*

Nós podemos aprender a lidar com um sentimento doloroso, uma emoção dolorosa toda vez que começarem a se manifestar. Temos que voltar para casa e dizer à dor dentro de nós: *"Inspirando, eu sei que você está aí. Expirando, eu vou cuidar bem de você".* Você não está fugindo. Você está voltando para casa para cuidar da sua dor. Se precisar, você pode pedir a alguns irmãos e irmãs para ajudá-lo, produzindo a energia coletiva de consciência para lhe ajudar a reconhecer e acolher sua dor. Usando a energia da atenção consciente, podemos reconhecer e estar presente para a dor, a tristeza, o medo dentro de nós.

Quando o sofrimento surge, precisamos saber como lidar com ele. Não devemos deixá-lo nos dominar. Podemos usar a atenção consciente. Quando um sentimento doloroso surge em nós, se fugirmos dele ou suprimi-lo só vai fazê-lo persistir. Temos de estar presentes e dizer: *"Eu estou aqui para você".* Precisamos praticar respirando atentamente, dar passos em plena atenção para gerar a energia da consciência plena. *"Inspirando, eu reconheço o meu sentimento doloroso. Expirando, eu reconheço o meu sentimento doloroso."* Com essa energia nós reconhecemos o nosso sofrimento, a nossa dor, e nós a acolhemos e acalmamos. *"Inspirando, eu acolho o meu sentimento doloroso. Expirando, eu acalmo o meu sentimento doloroso."* Nós retornamos ao nosso corpo e acalmamos a tensão e a dor em nosso corpo. Quando somos capazes de acalmar nosso corpo, então podemos acalmar nossos sentimentos e nossas emoções.

PRÁTICA
Respiração abdominal

Quando tivermos uma emoção intensa, sabemos que não precisamos temer, porque temos formas de cuidar de uma emoção intensa. Precisamos de alguma compreensão; precisamos de alguma prática. Quando a emoção forte surgir, dizemos a ela: "Você é somente uma emoção".

Uma emoção é algo que surge, fica algum tempo, e, eventualmente, vai embora. Há muitos jovens que não sabem como lidar com uma forte emoção. Eles acreditam que a morte é a única maneira de acabar com a emoção e com o sofrimento. Por isso tantos jovens se suicidam hoje em dia. É importante que eles aprendam que uma emoção é apenas uma emoção, e que ela é muito pequena comparada à totalidade do nosso ser.

O nosso ser é composto de corpo, sentimentos, percepções, formações mentais e consciência. O território é vasto. Você não é somente uma emoção que você está tendo. Você é muito mais do que uma emoção. Esta é a compreensão que você deve ter quando a emoção vier à tona. "Olá, minha emoção. Eu sei que você está aí. Eu vou cuidar de você." Você pratica a respiração profunda abdominal com atenção plena e sabe que você pode administrar a tempestade dentro de si.

Sente-se na posição de lótus, ou em qualquer posição sentada em que esteja confortável; ou você pode se deitar. Ponha sua mão sobre o estômago, inspire profundamente, expire profundamente, e fique consciente do seu abdômen subindo e descendo. *"Inspirando, meu abdômen está subindo. Expirando, meu abdômen está descendo."* Concentre-se completamente no seu abdômen subindo e descendo. Interrompa todo o pensamento. Quanto mais você pensa sobre sua emoção, tanto mais forte ela se tornará.

Quando estiver cuidando de uma emoção forte, não se deixe ficar no nível da sua cabeça, do seu pensamento. Traga sua consciência para o seu abdômen, logo abaixo do umbigo. Torne-se consciente somente do seu abdômen subindo e descendo. Atenha-se a isso e você estará seguro. É como uma árvore resistindo a uma tempestade. Quando você olha para o topo da árvore, você vê que os galhos mais altos e as folhas estão balançando violentamente pra lá e pra cá ao sabor do vento. Você pode ter a impressão de que a árvore vai se partir ou voar longe. Mas quando você direciona sua atenção para o tronco da árvore, você vê que aquela parte da árvore não está balançando, você vê que a árvore está enraizada firme e profundamente, e tem uma sensação diferente. Você sabe que a árvore vai resistir à tempestade. Quando uma tempestade emocional estiver acontecendo dentro de você, não fique preso lá em cima, no nível da sua cabeça onde os pensamentos estão passando sem interrupção. Pare de pensar. Desça e abrace o tronco do seu corpo, no nível do abdômen. Foque sua atenção 100% no seu abdômen subindo e descendo, e você estará fora de perigo. Desde que você se mantenha respirando conscientemente e esteja atento somente ao seu abdômen subindo e descendo, você estará fora de perigo. Pode ser que precise fazer isso por cerca de vinte minutos. Mas se você se mantiver assim, virá um lampejo de compreensão de que você é muito mais do que uma emoção.

Com esta prática você pode sobreviver facilmente a uma emoção arrebatadora. Mas não espere até que a emoção surja para começar a praticar. Você vai se esquecer naturalmente. Você tem que começar a treinar-se nisso agora. Se todo dia você praticar a respiração abdominal consciente por cinco ou dez minutos, você vai, naturalmente, lembrar-se de praticá-la quando a emoção surgir, e você sobreviverá facilmente à emoção. E toda vez que isso acontecer você terá cada vez mais confiança de que da próxima vez que uma intensa emoção surgir, você não vai mais ficar com medo, pois saberá como lidar com ela.

8
Cuidando de nós mesmos

Nossa prática é estar presente, totalmente presente, aqui mesmo e agora mesmo. Ficamos presentes para estarmos em contato com os milagres da vida, para sermos nutridos, curados e transformados. Ficamos presentes, para que assim sejamos capazes de reconhecer o sofrimento e saber como acolhê-lo e transformá-lo em elementos nutridores. Como podemos estar totalmente presentes se não estivermos cuidando de nós mesmos?

Cuidando do nosso território

Para trabalhar no jardim você precisa estar no jardim. Ao estar presente no jardim, você é capaz de cuidar de várias flores, árvores e verduras, e um jardim como este pode nutri-lo e tornar sua vida mais bela. Se alguma planta murchou, quebrou-se ou apodreceu, podemos ajudá-la a se transformar no adubo capaz de nutrir árvores e flores. O jardineiro precisa cuidar do jardim. Qual é o nosso jardim?

O nosso jardim é o nosso corpo, os nossos sentimentos, as nossas percepções, as nossas outras formações mentais e consciência.

Precisamos estar presentes para nós mesmos. Imagine um país que não tem um governo, um rei, uma rainha, ou um presidente. Ninguém está por perto para cuidar do país. O país precisa ter uma forma de governo. O mesmo acontece conosco. Precisamos estar presentes em nosso território, para cuidar de nosso território, pois o nosso território é muito grande. Precisamos ser o rei ou a rainha e governar nosso território. Precisamos saber o que é precioso e belo para que possamos protegê-lo. Precisamos tomar conhecimento das coisas que não são tão belas para poder corrigi-las ou transformá-las. Precisamos ser uma boa rainha ou um bom rei, e não fugir do nosso país. Tem gente que não quer reinar, e que só quer fugir desta obrigação, por acreditar que ser rei é cansativo demais!

Nós fugimos assistindo televisão, navegando na internet, ouvindo música, indo a festas. Não queremos voltar à nossa pátria. Somos reis ou rainhas que não assumem qualquer responsabilidade. Precisamos nos tornar conscientes da nossa responsabilidade, reconhecer que precisamos ser o soberano, regressar ao nosso território, e cuidar dele.

Podemos aprender as melhores maneiras de cuidar do nosso território. Praticar a atenção plena significa que sabemos como fazer isso. O Sutra sobre *A consciência plena da respiração* nos mostra todos os métodos com os dezesseis exercícios para respirarmos conscientemente.

Regressando ao corpo e cuidando dele

Em primeiro lugar nós retornamos à nossa respiração. Este é o primeiro exercício. *"Inspirando, eu sei que estou inspirando. Expirando, eu sei que estou expirando."* A respiração é a estrada real de volta ao nosso corpo. Voltamos para o nosso corpo, a fim de cuidar dele, para diminuir o estresse e a dor. Podemos aprender métodos para fazer isso, como o relaxamento total e acompanhando nossa respiração para acalmar nosso corpo e nossos sentimentos. Essas são as primeiras coisas que precisamos fazer. Uma inspiração pode nos ajudar a acalmar todo o nosso corpo e ajudar a liberar a dor e tensão que estamos sustentando nele. Durante esse tempo a nossa mente já volta para o nosso corpo.

O segundo exercício é para desenvolver a concentração. *"Inspirando, eu sigo a minha inspiração. Expirando, eu sigo a minha expiração."* Ao mantermos viva nossa atenção plena, enquanto seguimos todo o percurso da nossa inspiração e expiração, isso já é concentração, e faz com que nossa presença seja inabalável.

Depois de termos regressado ao nosso corpo e estarmos verdadeiramente presentes, podemos cuidar das outras partes do nosso território, como os nossos sentimentos, nossas emoções, e outras formações mentais. Nós inspiramos e expiramos conscientemente e reconhecemos todo o nosso corpo. *"Inspirando, estou ciente do meu corpo como um todo. Expirando, estou ciente do meu corpo como um todo."* Levamos nossa atenção consciente e presença para o nosso corpo como um todo. Este é o terceiro exercício de respirar com atenção. O quarto exercício é: *"Inspirando, eu solto a tensão do meu corpo. Expirando, eu solto a tensão no meu corpo"*. Esta prática é muito concreta. Quando você anda conscientemente, dá cada passo dessa forma, soltando a tensão. Acalmar o corpo e acalmar a mente vai nos proporcionar paz. Só precisamos nos manter firmes respirando e andando conscientemente, e isso é algo que podemos fazer. Voltamo-nos ao nosso corpo para reconhecer e tomar consciência do nosso corpo, e soltar a tensão e acalmar o nosso corpo.

Gerando felicidade

É possível gerar alegria e felicidade neste exato momento. Fazendo uso da sua respiração, dos seus passos, da sua atenção plena, você produz essa felicidade. Você também pode ajudar a criar a felicidade para a pessoa à sua frente.

O método é muito simples. Quando tivermos nos tornado presentes, seremos capazes de ver que em nosso corpo e à nossa volta há várias condições de felicidade. Este reconhecimento é um fruto da prática da consciência atenta e de termos nos tornado presentes; somos capazes de ver as condições de felicidade que estão logo ali diante de nós. Nossos olhos são brilhantes, podemos ouvir o canto dos pássaros, o nosso corpo ainda está se movendo e está vivo; não está rígido como o corpo de uma pessoa morta. Quando estou praticando movimentos conscientes – isto é, uma série de dez exercícios corporais que seguimos diariamente em Plum Village – eu digo: "Oh! Eu ainda estou vivo. Eu ainda estou levantando os braços para o céu. Eu me sinto muito feliz".

Isso não é algo mórbido ou assustador. Nós simplesmente nos tornamos conscientes. "Ah, eu ainda tenho mãos, e eu não estou duro feito uma tábua. Eu não estou prestes a ser cremado". Quando estamos conscientes das condições de felicidade dessa forma, sabendo que nossas pernas e pés estão fortes, que os nossos ouvidos ainda podem ouvir, vemos então que as condições de felicidade são muito abundantes. Nós precisamos apenas de estar verdadeiramente presentes no momento para apreciá-las. Este é um método de criar felicidade.

Outro método de criar felicidade é comparando a nossa situação atual com situações mais difíceis que poderíamos estar tendo agora, mas que felizmente não estamos. Na vida de todo mundo há momentos difíceis e desafiadores. Pode ser um acidente, uma doença grave ou o falecimento de um ente querido. Às vezes sofríamos quando éramos crianças e era muito difícil para nós encontrar felicidade. Cada um de nós ainda tem dentro de si as impressões deixadas por essas experiências. Mas se trouxéssemos essas imagens agora mesmo e as comparássemos com a nossa situação atual, poderíamos ver muito claramente como a felicidade pode surgir imediatamente. Nós temos a tendência de não valorizar as inúmeras causas de felicidade que dispomos. Estamos inconscientes, não conseguimos entender a preciosidade das condições de felicidade que estão disponíveis para nós agora mesmo, que podem nem sempre terem existido (ou que podem deixar de existir no futuro). Então, o segundo método para criar felicidade é trazer o sofrimento que tivemos no passado e compará-lo com as condições de felicidade que temos agora mesmo.

Isso faz com que a felicidade brilhe, e você pode vê-la com mais clareza. Isso é uma arte. É muito diferente de trazer à tona o sofrimento passado e se afogar nele.

Tem gente que lutou em guerras no Afeganistão ou Iraque. Muita gente que não morreu no campo de batalha, que conseguiu sair de lá viva não tem a capacidade de desfrutar a felicidade de ter sobrevivido, e viver no momento presente quando volta para casa. Elas continuam regressando ao passado, continuam envolvidas em memórias de sofrimento, dor e dificuldades que encontraram na guerra, e não conseguem tirá-las da mente. No momento presente há muitas coisas para se apreciar e agradecer, muitos milagres; mas elas não são capazes de se relacionarem com isso. Então, é preciso que haja um membro da família, um amigo ou um terapeuta, que possa ajudá-las a se lembrarem de que o que elas estão pensando não está acontecendo agora, ajudando-as a saírem do passado para que possam estar em contato com o momento presente. Por que devemos continuar nos bloqueando na prisão do passado? Precisamos regressar ao momento presente, entrar em contato com os milagres que existem no momento presente para que assim possamos viver. Não devemos ser subjugados pelo passado.

Quando usamos a prática de comparar, a situação muda. Nós não retornamos ao passado para ser arrastado por ele. Nós simplesmente pegamos uma imagem do passado, a sustentamos e a comparamos com o presente para que assim possamos ver as inúmeras condições de felicidade que dispomos. Essa imagem do passado nos ajuda a reconhecer e a apreciar a felicidade que temos neste exato momento.

Por isso, a capacidade de criar alegria e felicidade significa acima de tudo reconhecer as condições de felicidade que dispomos no momento presente. Em segundo lugar, significa comparar as dificuldades passadas, que já atravessamos, com as condições de felicidade que dispomos agora mesmo. Assim a felicidade virá muito rapidamente.

Pode ser que você tenha uma amiga que esteja se afogando no passado e não consegue viver no presente. Olhando no rosto dela você pode ver o seu sofrimento. Você pode dizer: "Um centavo pelos seus pensamentos". Nós ajudamos a resgatar essa pessoa do passado. "Oh, hoje o dia está tão lindo! É como se a primavera tivesse chegado!" Isso pode ajudar a resgatar essa pessoa do passado para que ela possa manter contato com os milagres da vida no momento presente. Nós podemos criar alegria e felicidade para nós mesmos, e também para uma outra pessoa. Isso não é muito difícil. Somente precisamos de um pouco de prática. Se formos capazes de fazer isso uma vez, podemos fazê-lo muitas vezes durante o dia. Com cada passo, cada respiração, cada sorriso, nós podemos criar felicidade e alegria.

O passado e o futuro estão disponíveis no presente

Você pode tocar o passado através do presente, pois o presente contém o passado. Você pode até mesmo mudar o passado. As feridas e sofrimentos do passado continuam em você até hoje, e você pode tocá-los e transformá-los. Nós podemos também transformar o futuro. Com a visão da indistinção você consegue compreender que o futuro existe no presente. Você consegue ver que os seus filhos e netos já se encontram dentro de você, mesmo que ainda não tenham nascido.

Quando você observa um limoeiro no inverno, o pé de limão ainda não tem folhas, flores, ou limões. Mas examinando-o detalhadamente você consegue ver a presença das folhas, flores, e limões no limoeiro. Quando você olha para um rapaz ou uma senhorita que ainda não tiveram filhos, você sabe que os filhos deles já vivem nele e nela. Você entra em contato com o futuro. O futuro e o passado estão totalmente vivos no presente. Com a energia da plena atenção, concentração e compreensão você tem acesso ao passado e ao futuro. Nós podemos nos treinar para ver as coisas dessa maneira. Pode parecer estranho à primeira vista. Mas temos de nos treinar para ver as coisas à luz da interconexão e da interexistência, à luz da vacuidade, da inexistência do eu autônomo, e da indistinção.

Uma história sobre o corpo do Darma

Darma é uma forma de denominar os ensinamentos budistas. A energia que você gera com a prática também é chamada de o seu corpo-Darma, *dharmakaya*. Um dia, Buda visitou um discípulo dele, Vaikali, que estava morrendo. Buda queria ajudá-lo a morrer em paz. Ele perguntou: "Vaikali, você se arrepende de alguma coisa?" Vaikali disse: "Não, eu não me arrependo de coisa alguma. Estou muito satisfeito com minha vida de monge. Só lamento estar tão doente que não posso mais ir ao Pico dos Abutres, sentar-me diante de ti, e vê-lo enquanto escuto tua palestra do Darma". Vaikali era muito apegado a Buda. Uma vez, ele até mesmo tentou cometer suicídio porque Buda não queria deixá-lo ser seu assistente. Buda sabia que Vaikali era apegado demais a ele. Mas, finalmente, Buda foi capaz de ajudá-lo a desapegar-se, e Vaikali praticou bem enquanto monge.

Buda disse: "Vaikali, este meu corpo físico não é importante. Ele vai se desintegrar um dia. É o meu corpo-Darma que é importante. Meu corpo-Darma continuará por muito tempo. O meu corpo-Darma já está em você e em muitas outras pessoas".

Cada um de nós tem um corpo físico que vai se desintegrar. Mas nós também temos o nosso corpo-Darma, que é o corpo da nossa prática. Se o nosso corpo-Darma for sólido, for bom, não temos do que temer, porque com o nosso corpo-Darma poderemos resolver muitas dificuldades. Cada um de nós deve nutrir o seu corpo-Darma, para que ele fique bem firme e forte.

O Darma vivo

Quando desenvolvemos o nosso corpo-Darma, podemos lidar com as dificuldades que surgem em nossas vidas. Todo mundo deve ter uma dimensão espiritual em sua vida. Se o nosso corpo-Darma não estiver ainda suficientemente forte, temos de tentar ajudá-lo a crescer. Fazemos isso aplicando as coisas que aprendemos em nossa vida cotidiana. Quando andarmos, andaremos de uma maneira tal que nos possibilite gerar alegria, felicidade e paz. Quando olharmos, olharemos de tal forma que a compaixão esteja presente em nosso olhar. Compaixão e compreensão devem estar sempre presentes toda vez que estivermos trabalhando com alguém, toda vez que falarmos com alguém, ou ouvirmos alguém. Ao praticarmos desse jeito, o nosso corpo-Darma se desenvolverá. Nós podemos ajudar uns aos outros nutrindo o corpo-Darma uns nos outros.

O Darma deve ser o Darma vivo. Quando você respira, se sua inspiração contiver consciência, concentração e *insight*, se sua inspiração puder produzir alegria, então esse é o Darma vivo. Você não diz coisa alguma, e no entanto isto é Darma. Você está dando uma palestra de Darma sem palavras, porque você está respirando corretamente e gerando paz, alegria e concentração.

O Darma vivo é diferente do Darma falado e do Darma escrito. O Darma escrito e o Darma falado só existem realmente para nos ajudar a gerar o Darma vivo. Devemos viver nossa vida diária de tal maneira que o Darma vivo esteja nos habitando sempre, a todo instante. Ao escovar os dentes, tomar banho, preparar nosso café da manhã – fazemos essas coisas de uma maneira que permite ao Darma vivo estar conosco o tempo todo. Possuímos atenção plena, concentração, compreensão, alegria, paz, felicidade, e a capacidade de administrar a dor. Precisamos do Darma vivo. Quando praticamos a plena atenção, podemos encontrar muitas maneiras de fazer com que o Darma vivo esteja presente conosco em nossa vida cotidiana.

O corpo físico

Eu sei que o meu corpo físico não vai durar muito tempo. Mas também sei que o meu corpo-Darma é forte o suficiente para continuar. Sentado aqui, eu posso ver o meu corpo-Darma na China, Vietnã, Indonésia e muitos outros lugares. Sempre que alguém leva os ensinamentos de Plum Village e compartilha com outras pessoas, eu estou presente. Em todo lugar há amigos meus realizando as práticas de andar conscientemente, respirar conscientemente, sorrir, e gerar alegria e paz. Então meu corpo-Darma vai durar muito tempo. Considere o corpo-Darma de Buda. O Buda ainda está aqui, disponível. Se você quiser entrar em contato com Buda, é fácil. Basta inspirar e expirar algumas vezes que você consegue tocar o Buda aqui e agora.

Cada um dos nós é uma célula do organismo de uma comunidade maior, e ao mesmo tempo cada um de nós é uma célula do corpo de Buda. É maravilhoso ser uma célula do corpo de Buda. Você não tem que sair por aí procurando Buda em outros lugares. Você já é uma célula do corpo-Buda. Alegre-se!

9
Praticando a atenção plena na vida diária

Todo mundo anda, come, vai ao banheiro e dorme. Mas a maneira de fazer essas coisas pode ser muito mais profunda quando você as faz com todo o seu ser: corpo e mente unificados. Quando andar, mantenha contato com a Terra e as maravilhas da vida. Quando comer, esteja mais presente com a comida e as pessoas sentadas à mesa, em sua volta. Elas vão ver a diferença, e vão gostar da sua presença. Você pode andar, sentar e comer com atenção plena, e levar sua prática para qualquer lugar que for. Mas você pratica pela maneira como se comporta, sem querer externar uma determinada forma. Você senta relaxada e com beleza; você anda com alegria e paz; você respira conscientemente e olha para os outros com atenção e compaixão.

Alimentar-se com a consciência atenta

Quando nos engajamos nas práticas de meditação, na postura sentada ou caminhando ou tocando a Terra[1], a nossa atenção plena nos ajuda a perceber que estamos sempre em contato com a Terra. Comer também nos põe em contato com a Terra.

Quando segurar um pedaço de pão não deixe que sua mente vagueie em outro lugar qualquer. Permita que sua mente esteja presente com o pão. Compreender que a Terra, o sol, as nuvens, a chuva estão presentes no pão é muito salutar. Quando estivermos sentados comendo, se mastigarmos as nossas preocupações e o nosso sofrimento, não podemos nos curar. Então, para sermos saudáveis, temos que aprender a nos alimentar de uma forma que esteja conectada ao momento presente. Não basta ser vegetariano e ingerir alimentos saudáveis, e sem aditivos químicos. Temos que comer plenamente conscientes para nos curar. Em suma, é o fato de entrarmos em contato e permanecermos em contato que vai nos curar.

Primeiro, regressamos para nos conectar com a nossa respiração e o nosso corpo, e também com tudo o que está relacionado à nossa respiração e corpo, inclusive a mente. Ao colocar na boca um pedaço de pão ou um pouco de arroz, você precisa estar um tanto quanto atento. "Aqui estou eu colocando um pouco de pão na boca." Sua mente não deve estar noutro lugar. Quando você coloca o pão na boca,

---

1. A prática de fazer prostrações, na tradição zen-budista do Mestre Thich Nhat Hanh, é chamada de "Tocar a Terra" [N.T.].

mas está pensando no seu futuro trabalho, isso não é comer com atenção consciente. Olhar o pedaço de pão profundamente, pôr o pedaço de pão na boca, prestando atenção ao pão: isso é consciência plena. Em muito pouco tempo você vê em maior profundidade. Você vê o pão, o trigo, e o maravilhoso campo de trigo. Muito trabalho foi colocado no pão que você tem em suas mãos.

Com um pouco de atenção você vê que o pão não está vindo do nada. O pão vem dos campos de trigo, da luz do sol, do árduo trabalho de colheita e moagem do grão, de ter sido assado no forno e transformado em pães, entregue na padaria etc. Em apenas um instante você olha para a comida e ver de onde ela vem. Você simplesmente olha para o pedaço de pão, e vê que ele provém de um lindo campo, da chuva, de muito trabalho, do estrume, e de tantas outras coisas maravilhosas – na verdade o pão veio de todo o universo. O cosmos inteiro contribuiu para que este pedaço de pão estivesse ali em sua mão. Isso é um lampejo de compreensão.

Você não precisa se esforçar para ter um lampejo de compreensão; você apenas não deixa mais sua mente ser arrastada por pensamentos e planejamentos. Sua mente pensante para no momento em que você examina mais profundamente o pedaço de pão; isso é consciência atenta. Quando você observa ainda mais profundamente, isso é concentração. Olhando em profundidade, você compreende que o pão é um verdadeiro milagre. O campo de trigo, a farinha, a padaria e, finalmente, o pedaço de pão veio até o meu prato. Em apenas um ou dois segundos com a consciência atenta você tem concentração, e um lampejo de compreensão surge imediatamente. Você compreende a verdadeira natureza do pedaço de pão que está pondo na boca.

Em suas atividades cotidianas você vive tão apressado fazendo isso e aquilo, que você pensa, planeja e se mantém isolado do momento presente. Só precisa de um segundo para reconhecer que o campo de trigo, a luz do sol, a nuvem, a chuva, o trabalho do agricultor, do padeiro estão todos ali no seu pedaço de pão. Quando compreende que todos esses mensageiros do universo vieram até você, você entra em contato com eles. O pedaço de pão pode lhe nutrir fisicamente, mas se estiver em contato com o universo inteiro dessa maneira você é alimentado pelos nutrientes contidos no pão, e também pelo sentimento de conexão íntima com o universo inteiro. Você não precisa de uma fé específica, de uma crença religiosa específica para receber o cosmos em cada porção que ingere: um pedaço de pão, de cenoura, de feijão – que maravilha!

Quando compreende de onde vem esses alimentos, você sente muita gratidão. Enquanto olha para o seu pedaço de pão, desta forma, você não está pensando; isso não é um pensamento, é uma visão, uma maneira de ver. Quando você está presente, você estabelece contato, e compreende profundamente. Ao compreender profundamente, você quebra sua tendência mental de ficar disperso, pensando nisso e naquilo, de estar continuamente planejando antecipadamente os momentos que não são os que você está realmente vivendo. Você se torna mais focado, e com esta concentração e atenção plena, você está no momento presente com a sua respiração e sua comida, e vê que é uno com sua comida e com o universo.

Esteja presente com sua comida, com as inúmeras coisas à sua volta. Enquanto come, não mastigue suas preocupações, sua ansiedade, seu planejamento. Se mastigar seu planejamento e preocupações, realmente, você não vai conseguir ser grato à maravilhosa presença da porção de comida em sua boca. Quando você tenta estar presente com a refeição diante de si, por favor, lembre-se também de estar presente para as pessoas sentadas à mesa com você. Não feche os olhos e se concentre somente na sua mastigação. Abra os olhos, olhe para as pessoas e sorria para elas.

Relacionamentos conscientes

Meditando com seixos

Em Plum Village nós temos uma prática de meditação com seixos. Esta prática é maravilhosa e as crianças gostam de praticá-la umas com as outras, por conta própria, ou com os seus pais. Enquanto praticamos nós respiramos de uma maneira que nos deixe revigorado e belo. Cada criança tem um saquinho de pano com quatro seixos dentro. Uma criança desempenha o papel do mestre do sino.

Comece ouvindo os três toques do sino. Em seguida, retire os quatro seixos do saco e os coloque sobre a mesa (ou no chão), à sua esquerda. Pegue o primeiro seixo e olhe para ele por alguns segundos. Este seixo representa uma flor. Uma flor que é viçosa e bela. Coloque a pedra na palma da sua mão esquerda, com a mão direita sobre ela com a palma voltada para baixo. Em seguida, pratique assim: *"Inspirando, eu me vejo como uma flor. Expirando, eu me sinto viçoso(a) e belo(a)"*. Isto não é mera imaginação, porque cada criança, seja menino ou menina, é belo(a) como uma flor. Todo ser humano é como uma flor no jardim da humanidade. Todos nós temos nosso vigor e beleza. Se você souber praticar meditação, poderá manter seu vigor e beleza. Muitos adultos não sabem como manter seu vigor e beleza. Quando perdem essas duas qualidades, eles não têm muito o que oferecer a quem amam. Se você ama alguém, a coisa mais preciosa que você pode oferecer a ele ou a ela é o seu vigor e beleza. Homens e mulheres também podem ter vigor e beleza para dar.

O rosto de um garotinho ou de uma garotinha é realmente uma flor. Os olhos deles são lindos como flores. Suas bocas também são como uma flor. Seus rostos são uma flor real. Sua mão é uma flor. Os seus pés são uma flor. Uma criança é uma verdadeira flor, independentemente de ela estar acordada ou dormindo. Nós temos que saber como preservar nosso vigor e beleza. Quando você pratica *"Inspirando, eu me vejo como uma flor; expirando, eu me sinto viçosa(o) e bela(o)"*, isto é para restaurar o seu vigor e beleza.

Qual é a coisa mais preciosa que você pode oferecer à pessoa que você ama? Quando você ama alguém, é natural que queira oferecer algo para fazer aquela pessoa feliz. Claro que você pode comprar alguma coisa no mercado, mas isto não seria a coisa mais preciosa.

Eu conheço um menino de 11 anos de idade que, um dia antes de seu aniversário, o pai dele lhe disse: *"Amanhã é seu aniversário. E vou comprar o que você quiser".* O menino não sabia que resposta dar. Ele já tinha brinquedos aos montes, e não precisava mais de coisa alguma. Seu pai era um empresário muito rico que poderia se dar ao luxo de comprar qualquer coisa para ele. Mas o menino não estava feliz com o fato de o seu pai estar sempre ocupado. Ele era rico, e como ele queria continuar sendo rico, usava todo o seu tempo e energia para ganhar dinheiro. Ele não tinha tempo para sua esposa e filho. De tempos em tempos o pai estava presente em casa, mas mesmo nesses momentos ficava absorto em seus negócios e não prestava atenção a sua esposa e filho. Por isso o menino não estava feliz. Ele sentia como se realmente não tivesse um pai, porque seu pai estava sempre muito ocupado.

Depois de pensar por um momento, o menino de repente compreendeu o que ele precisava. Ele olhou para o pai e disse: "Papai, o que eu estou precisando é de *você*". Quando você ama alguém, a coisa mais importante que você pode oferecer àquela pessoa é a sua presença. A minha definição de amor é estar presente para a outra pessoa. Como você pode amar se você não estiver presente? Quando conhecemos a prática de meditação sabemos como estar presentes para a pessoa que amamos.

Suponha que o seu corpo esteja aqui, mas sua mente está em outro lugar, aprisionada em seus negócios. Se souber respirar conscientemente, você traz sua mente de volta à casa do seu corpo, e fica realmente presente. Isso só leva dois ou três segundos. Depois de inspirar conscientemente, você fica realmente presente, viçoso e belo. Este é o presente mais precioso que você pode oferecer a alguém que ama. A meditação pode ajudá-lo a estar presente, viçoso e belo. Você não precisa de dinheiro para fazer isso. A prática de respirar e andar atentamente pode trazer sua mente de volta para a casa do seu corpo para que assim você esteja presente. Inspirando e expirando desse jeito, andando conscientemente desse jeito, pode restaurar o seu vigor, a sua beleza e a sua calma. *"Inspirando, eu me vejo como uma flor. Expirando, eu me sinto vicejante."* Depois de praticar desse jeito três vezes, você coloca o primeiro seixo no chão à sua direita.

Então você pega o segundo seixo, que representa uma montanha. Uma montanha é firme e estável. Uma pessoa que não está firme e estável não consegue ser feliz, e deixa de ser alguém com quem se pode contar. A meditação pode lhe ajudar a ser mais sólida e estável. *"Inspirando, eu me vejo como uma montanha. Expirando, eu me sinto inabalável."* Se você estiver firme e estável, tem algo mais a oferecer ao seu amado. Você já tem vigor e beleza para oferecer, e agora também tem estabilidade e solidez. Depois de ter realizado três ciclos de respiração sustentando o seixo da montanha, coloque-o no chão à sua direita.

Em seguida, pegue o terceiro seixo, que representa a água. Quando não há vento, a água em um lago está perfeitamente imóvel, e pode refletir o céu azul, as nuvens brancas, as árvores e as montanhas. Há momentos em que você pode estar nervoso, irritado, sem nenhuma calma. Praticando com o terceiro seixo, você consegue restaurar a calma e a paz, e terá ainda mais o que oferecer às pessoas que você ama. *"Inspirando, eu me vejo como um espelho d'água. Expirando, eu reflito as coisas como elas são."* Se estiver com raiva, você não está calmo, e não consegue ver as coisas com clareza. Você tem uma imagem distorcida da realidade. Com esta meditação você consegue restaurar sua paz, sua calma, e têm algo precioso para oferecer ao seu amado. Quando vemos alguém que está calmo e tranquilo, temos vontade de ir sentar-se perto dessa pessoa. Com as práticas de respirar e andar conscientemente nós podemos restaurar a paz e a calma em nós mesmos. Isto não é bom somente para nós, mas também para a pessoa que amamos.

O último seixo representa o espaço e a liberdade. Esta liberdade significa liberdade da raiva, do desespero, da inveja. Uma pessoa que não tem liberdade, que não tem um espaço dentro e em torno de si, não pode ser feliz. Quando ama alguém profundamente, você quer oferecer alguma liberdade a essa pessoa. Você não quer impor suas ideias, os seus pontos de vista sobre ele ou ela. A liberdade é uma das coisas mais preciosas que você pode oferecer a alguém que ama. Este seixo é para abrir muito espaço em seu coração e no coração da pessoa que você ama. *"Inspirando, eu me vejo como espaço. Expirando, eu me sinto livre."*

Consciência plena do trabalho

Precisamos de alegria, felicidade e paz para nos nutrir e nos ajudar a transformar nosso sofrimento. Quando há dor, raiva, tristeza ou medo, nós precisamos ter suficiente energia da consciência atenta, paz e alegria para lidar com a energia da dor em nós. Os dois tipos de prática caminham juntos: como gerar paz, alegria e felicidade; e como lidar com um sentimento doloroso.

Quando conversamos uns com os outros, nós não queremos simplesmente sentar e contar um para o outro o nosso sofrimento e deixar que o sofrimento nos domine. Em uma discussão sobre assuntos difíceis, a energia coletiva de plena atenção deve ser forte. Quando alguém compartilha o seu sofrimento e pede ao grupo todo para reconhecer e acolher seu sofrimento, todos devem ser capazes de usar a atenção plena e concentração para ajudá-la a acolher seu sofrimento. Se conseguirmos fazer isso, haverá transformação e cura, não só naquela pessoa, mas também no resto do grupo que escuta. Dentro de nós pode haver o mesmo tipo de dor. Mas nós não permitimos que a energia do sofrimento nos domine; nós não somos vítimas. Podemos gerar a energia da plena atenção, concentração, compreensão e paz, a fim de reconhecer e abraçar a dor em outra pessoa e em nós mesmos. Então, se você preside uma reunião, você deve saber como conduzir a discussão de tal forma que todos possam aprender e se transformar, mesmo quando alguém sofre e nos pede ajuda. Com as práticas de falar e ouvir com atenção plena podemos nos beneficiar com a energia coletiva do grupo.

Quando estamos trabalhando há momentos em que estamos nos sentindo solitários, ou doentes e perdidos; perdemo-nos em nosso caminho. Em momentos assim temos de voltar à Terra para sermos nutridos. Se você trabalha em um edifício, caminhar um pouco ao ar livre, mesmo que seja apenas por alguns minutos, pode ajudá-lo a tocar a Terra e estabelecer um contato maior consigo mesmo. Quando você abre a porta e sai para o ar fresco, você entra em contato com o ar e a Terra. Cada passo ao ar livre é um passo em liberdade. Você entrou no mundo da meditação. Você não tem que estar em um centro de meditação para estar no mundo da meditação. Cada passo é um passo dado com a prática da consciência atenta. Quando seus colegas de trabalho veem você andando assim, eles vão ser lembrados de estarem conscientes de sua própria maneira de caminhar. Cada passo dado sobre a Mãe Terra pode nos trazer muita felicidade.

Mesmo se não pudermos sair ao ar livre, podemos manter contato com a Terra mesmo que estejamos em casa ou em nosso local de trabalho. O piso pode ser feito de madeira ou de bambu. Se dermos cada passo com a consciência atenta, estamos em contato com a madeira, estamos em contato com o bambu, e entramos em contato com nós mesmos. Seja do que for que o piso seja feito, ele veio da Terra – então, quando pisamos nele, estamos pisando na Terra.

Em meio à nossa vida diária, precisamos vivê-la não só com a nossa mente, mas também com o nosso corpo. Corpo e mente não são duas entidades separadas. Eles estão sempre juntos. Precisamos estar presentes para os dois: nosso corpo e nossa mente. Enquanto anda pra lá e pra cá durante o dia, pode ser que você se esqueça de que tem um corpo. Será que você está realmente vivo nessas horas? Ou você está alienado do seu corpo, com sua mente desligada do seu corpo, durante esse período? Precisamos praticar no decorrer do dia retornando à nossa respiração e retornando ao nosso corpo tanto quanto possível for.

Em Plum Village nós gostamos de usar um programa gratuito que toca um sino para despertar a consciência em nossos computadores. A cada quinze minutos você ouve o som do sino, e, enquanto ouve o sino soando, você para de trabalhar, inspira e se volta para seu corpo; e se lembra que tem um corpo. Quando volta para a casa do seu corpo, pode ser que reconheça que ele está tenso. Com algumas inspirações e expirações você consegue soltar a tensão do seu corpo.

É uma boa ideia colocar um sino no seu computador para soar a cada quinze minutos; você pode transformar em prática o ato de parar sempre que ouvir o sino tocar e não simplesmente ficar trabalhando, trabalhando, trabalhando. Dizer: "Inspirando, estou ciente de que tenho um corpo" ajuda o corpo a se acalmar. Quando eu conduzi um retiro para seiscentas pessoas no Google, eu sugeri essa prática para elas, porque alguns desses funcionários do Google trabalham mais de doze horas por dia no computador.

Viver de maneira simples no momento presente

Quando estivermos trabalhando – seja cobrindo de telhas um telhado, seja preparando uma refeição, jardinando ou qualquer outra coisa que estivermos fazendo – nós podemos ser felizes. Nós podemos ser felizes em nossas vidas cotidianas. Cozinhar, varrer, limpar o banheiro, tudo isso são coisas agradáveis de fazer.

Tem gente que pensa: "Como eu poderia ter prazer de limpar um vaso sanitário?" Mas imagine como a vida seria se você não tivesse um vaso sanitário. Quando eu era criança no Vietnã, nós não tínhamos vaso sanitário. Nenhuma das casas tinham banheiros. Quando eu era um monge noviço, nós não tínhamos um banheiro. Você consegue imaginar isso: um mosteiro com cem pessoas morando nele, sem um banheiro? Nós conseguimos sobreviver bem. Em torno do templo havia colinas cobertas de arbustos, e nós simplesmente íamos ao topo do morro. Éramos como o veado ou coelhos, indo ao ar livre em vez de em um banheiro. Se você quisesse evacuar seus intestinos, tinha que subir o morro. Não espere ter papel higiênico quando tiver chegado lá em cima! Não havia rolos de papel higiênico no alto do morro. Você tinha que levar folhas de bananeira secas com você ou usar as folhas que estivessem por lá. Quando tivesse terminado, você ia para o córrego se limpar.

Nós não tínhamos encanamento para ter água de torneira, não tínhamos eletricidade, não tínhamos um vaso sanitário. Eu vivia nessa situação e, na verdade, eu era muito feliz. Você conseguiria ser feliz nessas condições? Naquela época, só havia vinte e cinco milhões de pessoas no Vietnã. Atualmente há noventa e nove milhões de pessoas. Nós agora temos banheiros; é uma grande felicidade. É por isso que limpar banheiro é uma felicidade; não é algo degradante. Quando temos plena consciência, ter um banheiro para limpar é suficiente para nos fazer feliz.

Nossa prática é desfrutar este tipo de felicidade em tudo o que fazemos. Cozinhar é felicidade, porque temos comida, temos uma cozinha, temos um fogão bem ali. Varrer é uma felicidade. Lavar pratos é uma felicidade. Temos o direito e a capacidade de ser feliz em qualquer momento. Se pudermos fazer isso, não precisamos nos estressar tentando alcançar qualquer outra coisa. A felicidade existe no momento presente.

Uma vez tivemos um retiro em Nova York em que havia vários retirantes de Quebec. Um deles escreveu depois para mim e confessou que no início tinha tentado sair da meditação do trabalho que lhe tinha sido atribuído. "Quando cheguei, eu fiquei muito irritado. Vi que os retirantes de língua francesa tinham sido designados para limpar os banheiros." Então, ele fez de conta que não sabia francês, mesmo tendo vindo do Canadá e sabendo francês muito bem. Ele se inscreveu em um dos grupos de língua inglesa, mas não conseguia fugir da sua consciência, e, finalmente, decidiu se juntar ao grupo de limpeza dos sanitários. Enquanto limpava os banheiros, de repente ele percebeu que não era tão ruim assim; havia uma agradável camaradagem no grupo e era realmente interessante trabalhar juntos.

Quando você pratica estar com a consciência atenta em sua vida diária, você pode ser feliz sempre. Você se senta e consegue ser feliz, você anda e pode ser feliz, você se deita e pode ser feliz; ao beber, você pode ser feliz; fazendo faxina, você pode ser feliz; cozinhar ou lavar roupas também é uma fonte de felicidade. Praticar com consciência atenta não é um trabalho árduo. Enquanto trabalha, você tem alegria e felicidade. Se você estiver totalmente presente e enxergar as coisas em maior profundidade, em tudo o que estiver fazendo, sejam coisas maravilhosas ou supostamente repugnantes, você conseguirá desfrutar tudo.

Nós podemos ter a alegria e a felicidade provenientes da nossa prática diária. A fonte dessa felicidade é a nossa própria consciência atenta e concentração; ela não vem de nenhum outro lugar. Se nós conseguirmos produzir atenção consciente, concentração e compreensão, teremos felicidade. Quando estamos totalmente presentes, nossos pensamentos não estão vagando no passado ou no futuro; não estamos sendo arrastados por problemas, preocupações, tristeza ou outras questões. Quando caminhamos, a nossa mente está presente com o nosso corpo caminhante. Nossa mente está permanecendo em nosso corpo, porque nos apoderamos da nossa respiração e dos nossos passos. Estamos conscientes de estarmos respirando, e de estarmos dando passos. Isso é plena consciência.

O método de Buda é muito científico. Este método cuida simultaneamente da mente e do corpo por compreender que a mente e o corpo interexistem e contêm um ao outro. Nós temos que fazer as práticas básicas por nós mesmos. Cada passo da meditação andando deve nos ajudar a nos conectar com o nosso corpo e mente. Cada passo produz bem-estar físico, mental e espiritual. Nosso corpo e mente têm que estar presentes no momento em que damos um passo. Somente quando estivermos conectados com o nosso corpo e mente poderemos nos conectar com a Mãe Terra. Quando estamos tocando a Mãe Terra, ela é uma imensa fonte de cura. Nós podemos nos curar e, ao mesmo tempo, curar a Mãe Terra.

A arte de se comunicar
Thich Nhat Hanh

Como nós dizemos o que queremos dizer de uma forma que a outra pessoa pode realmente ouvir? Como nós podemos escutar com compaixão e entendimento?

A comunicação é o alimento que sustenta as relações, os negócios ou as interações diárias. Para a maioria de nós, no entanto, nunca nos foram ensinadas habilidades fundamentais da comunicação, ou a melhor forma de representar o nosso verdadeiro eu.

Habilidades de comunicação eficazes são tão importantes para o nosso bem-estar e felicidade como o alimento que colocamos em nosso corpo. Isso pode ser saudável (e nutritivo) ou tóxico (e destrutivo).

Nesse guia preciso e prático, Thich Nhat Hanh revela como ouvir atentamente e expressar o seu eu mais completo e mais autêntico. Com exemplos de seu trabalho com casais, famílias e "conflitos internacionais", *A arte de se comunicar* nos ajuda a ultrapassar os perigos e frustrações de deturpação e mal-entendidos, para aprender a ouvir e a ter habilidades de fala que irão mudar para sempre como nós experimentamos e impactamos o mundo.

Thich Nhat Hanh é um poeta, mestre Zen e ativista da paz. Nasceu no Vietnã, mas vive no exílio desde 1966, em uma comunidade de meditação (Plum Village) que ele fundou na França. Foi indicado para o Prêmio Nobel da Paz por Martin Luther King Jr. É autor de dezenas de livros publicados pela Vozes, entre os quais: Caminhos para a paz interior; Para viver em paz; Eu busco refúgio na Sangha; Meditação andando: guia para a paz interior; Nosso encontro com a vida; Nada fazer, não ir a lugar algum; Felicidade – Práticas essenciais para uma consciência plena; Medo – Sabedoria indispensável para transpor a tempestade; Sem lama não há Lótus – A arte de transformar o sofrimento; Trabalho – A arte de viver e trabalhar em plena consciência.